Ernst Schäll

# Friedrich Adler
## Leben und Werk

Bibliografische Information Der Deutschen Bibliothek
Die Deutsche Bibliothek verzeichnet diese Publikation in der
Deutschen Nationalbibliografie; detaillierte bibliografische Daten
sind im Internet über <http://dnb.ddb.de> abrufbar.

**Impressum**

Herausgeber:
Im Auftrag des Landkreises Biberach
herausgegeben von Landrat Peter Schneider, MdL

Mit freundlicher Unterstützung der Stiftung
**ṠBC - Gemeinsam für eine bessere Zukunft**

© Federsee-Verlag 2004
Federsee-Verlag, Marktplatz 13, 88422 Bad Buchau
Tel. 07582/93040, Fax 07582/930421

Gesamtherstellung:
VeBu Druck + Medien GmbH, 88427 Bad Schussenried

ISBN 3-925171-58-4

Ernst Schäll

# Friedrich Adler
## Leben und Werk

Herausgegeben von
Landrat Peter Schneider, MdL

Mit freundlicher Unterstützung der Stiftung
**$ BC - Gemeinsam für eine bessere Zukunft**

Federsee-Verlag

## Sponsoren

Elisabeth Adler, Sutton, Surrey, Großbritannien

Rinah Lior-Adler, Naot Mordechai, Israel

Amaranth Sitas-Adler, Limassol, Zypern

Prof. Dr. Ernest Bergman, State College, USA

Markus Blatt, Laupheim

Alfred Brehm, Laupheim-Obersulmetingen

Prof. Dr. Irene Butter, Ann Arbor, USA

Ebbinghaus Restaurant, Burgrieden

Rudolf Einstein, St. Gallen, Schweiz

Robert Eß, Laupheim

Förderverein Friedrich Adler-Realschule, Laupheim

Hilka Förster, Wedel, Holstein

Doris Genkinger, Laupheim

Henry Guggenheim, Dayton, USA

Herbert Gutzer, Burgrieden

Werner Hasenberg, Maryland, USA

Kurt Heilbronner, Teaneck, USA

Jahrgängervereinigung 1926/1927 Laupheim

Dr. Antje Köhlerschmitt, Laupheim

Stiftung SBC - gemeinsam für eine bessere Zukunft

Margaret Lambert (Gretel Bergmann), Jamaica N.Y., USA

Lindenmaier AG, Laupheim-Untersulmetingen

Heinrich Rappl, Kaulhausen-Lappersdorf

Reinhold Riebel, Laupheim

Franz Romer, MdB, Laupheim-Untersulmetingen

Claudia, Roland und Samuel Schäll, Friedrichshafen und Laupheim-Baustetten

Oskar Schenk, Laupheim

Dr. Hermann Schick, Laupheim

Hannelore Schilling, Schwendi

Dr. Yitzhak Heinrich Steiner, Re'ut, Israel

Karl Erik Weitner, Laupheim

Eberhard Tanner, Laupheim

Hannelore Schilling, Schwendi

Tobias Uhlmann, Laupheim

Ruth Young, Middx, Großbritanien

Stadt Laupheim

Stiftung der Gesellschaft für Heimatpflege Biberach

## Dank für Rat und Hilfe

Ingeborg Adler, New York, USA

Sophie Adler, Kfar Saba, Israel

Hedy Wolf-Adler, La Mesa, USA

Rolf Emmerich, Laupheim

Ruben Frankenstein, Freiburg im Breisgau

Dr. Norbert Götz, Münchner Stadtmuseum

Jermi-Käsewerk, Laupheim-Baustetten

Dr. Anna-Ruth Löwenbrück, Ditzingen

Dr. Rolf Miedke, Markenhof, Kirchzarten

Dr. Claus Pese, Germanisches Nationalmuseum, Nürnberg

Dr. Reinhard W. Sänger, Badisches Landesmuseum Karlsruhe

Michael Schick, Laupheim

Otmar Schick, Bügermeister a. D., Laupheim

Dr. Heike Schröder, Württembergisches Landesmuseum, Stuttgart

Ingrid Schulze, Laupheim

Dr. Jürgen Sielemann, Hauptstaatsarchiv Hamburg

Michael O. Zurell, Fellbach-Boros, Spanien

# Inhaltsverzeichnis

| | |
|---|---|
| Vorwort Landrat Peter Schneider, MdL | 7 |
| Vorwort Ernst Schäll | 9 |
| Friedrich Adler Eine Lebensgeschichte (L) | 11 |
| Der Jüdische Kulturbund Hamburg 1934–1941 (JK) | 29 |
| Epilog (E) | 31 |
| Sakralkunst (J) | 35 |
| Grabmalkunst (G) | 51 |
| Metallobjekte (Me) | 61 |
| Silber und Elfenbein (Si) | 73 |
| Schmuck-Entwürfe (Sch) | 80 |
| Möbel und Innenarchitektur (M) | 85 |
| Architektur (A) | 95 |
| Keramikentwürfe (K) | 101 |
| Textilien (T) | 105 |
| Kunststoffobjekte (Ku) | 113 |
| Graphikarbeiten (Gr) | 117 |
| Literatur und Bildnachweis | 131 |
| Dokumente und Archivalien | 135 |
| Bildnachweise | 135 |

# Vorwort

Es ist mir Ehre und Freude, das neue Buch von Ernst Schäll über Leben und Werk Friedrich Adlers in unsere Schriftenreihe „Landkreis Biberach – Geschichte und Kultur" aufnehmen zu können. Als Frucht über 25-jähriger Forschung bringt es nicht nur neue Erkenntnisse zur Biographie Friedrich Adlers, sondern veröffentlicht auch erstmals bisher unbekannte Arbeiten. Es war ja die bittere Tragik dieses bedeutendsten Laupheimer Künstlers, der zugleich einer der herausragenden deutschen Künstler des Jugendstils und des art deco war, dass sein Werk durch die Judenverfolgung der Nationalsozialisten Fragment bleiben musste. Was 1933 mit seiner Entlassung als Professor an der Kunstgewerbeschule in Hamburg begann, endete neun Jahre später mit seiner Ermordung in Auschwitz.

Es ist das große Verdienst Ernst Schälls, Leben und Werk Friedrich Adlers, der nach 1945 wie so viele andere vergessen war, wieder entdeckt und bewusst gemacht zu haben. Durch diese Forschungen und Rettung des jüdischen Friedhofs vor dem Verfall leistete er ebenso einen entscheidenden Beitrag gegen das Vergessen der Leistung der Laupheimer Juden, denen die Stadt viel zu danken hat. Seinen unermüdlichen Einsatz für die Bewahrung des jüdischen Erbes in Laupheim hat der Herr Bundespräsident durch die Verleihung des Bundesverdienstkreuzes anerkannt.

Mit meinem herzlichen Dank an Ernst Schäll für diese großartige Arbeit verbinde ich den Wunsch, dass dieses Buch Friedrich Adler endgültig dem Vergessen entreißt und ihm seinen gebührenden Platz unter den großen Künstlern unseres Landkreises zuweist.

Peter Schneider, MdL
Landrat

# Vorwort

Das hier vorliegende Buch kann und will nicht für sich in Anspruch nehmen, den vergriffenen Katalog „Friedrich Adler, zwischen Jugendstil und Art Déco" zu ersetzen, der 1994 in der Arnoldschen Verlagsanstalt Stuttgart für die gleichnamige Ausstellung erschien.

Diese Ausstellung wurde in namhaften deutschen Museen und in Chicago, Illinois, im Spertus Museum of Judaica gezeigt. Der Katalog, von hohem wissenschaftlichem Anspruch, wurde von neunzehn Historikerinnen und Historikern, Kunsthistorikerinnen und Kunsthistorikern nach mehrjähriger Forschung erarbeitet. Achtzehn dieser Wissenschaftler haben als Autoren in zweiundzwanzig Einzelbeiträgen vom Leben und dem vielseitigen Kunstschaffen Friedrich Adlers berichtet. Sie waren es auch, die wesentlich zum Zustandekommen der Ausstellung beigetragen haben.

Von der nationalsozialistischen Zerstörungswut waren Werke jüdischer Künstlerinnen und Künstler besonders betroffen, und der Krieg hatte so vieles vernichtet. Gerade vor diesem Hintergrund war es erstaunlich und alle Erwartungen übertreffend, welche Ergebnisse die Forschung über Adler zeigte. Dem ersten Beitrag über den noch nicht Zwanzigjährigen in der Fachzeitschrift „Kunst und Handwerk" 1897/98[1] folgten in Tageszeitungen, Fachjournalen und Büchern Berichte. Viele Abbildungen seiner Arbeiten erschienen zwar schon vor und nach der Wende zum 20. Jahrhundert, doch nur noch 40 Objekte waren vor 1990 bekannt. Vier Jahre danach wurde nahezu das Zehnfache gezählt.

Dies ist zunächst den Kindern Adlers in Israel, den USA und Zypern sowie den Nichten in Großbritannien und den USA zu verdanken, die mit Informationen, Originalfotos und Exponaten zum Gelingen des Kataloges und der Ausstellung beigetragen haben. Nicht zuletzt haben Museen öffentliche und private Sammlungen und Kunstliebhaber Wesentliches dazu getan.

In den dazwischenliegenden Jahren hat die Adler-Forschung nicht geruht, auch wenn deren Ergebnisse nicht mehr sprudelten. Nach langjährigen Recherchen konnte die Historie zu Friedrich Adlers „Zwölf Stämme-Fenster" für die Synagoge des zionistischen Auswanderer-Lehrgutes Markenhof in Burg bei Kirchzarten aufgearbeitet werden. Wertvolle Silber-Zierstücke, von Adler für die Weltausstellung 1910 in Brüssel entworfen und von der Firma Peter Bruckmann, Heilbronn, gefertigt, längst verloren geglaubt, sind wieder aufgetaucht und stehen im Württembergischen Landesmuseum Stuttgart zur Besichtigung. Ein Speiseservice sowie ein Kaffee- und Teeservice aus Alpacca-Silber konnten zweifelsfrei Friedrich Adler zugewiesen werden, und verlorene jüdische Kultgeräte entstanden durch Auffinden der Original-Gußmodelle wieder neu.

Dies soll Ansporn sein, die Nachforschungen zu Friedrich Adler nicht ruhen zu lassen.

Die Veröffentlichung dieses Buches wurde durch den Landkreis Biberach, die Kulturstiftung der Kreissparkasse Biberach, die Stadt Laupheim und durch Privatspenden möglich. Ihnen und auch dem Federsee-Verlag in Bad Buchau sei dafür herzlich gedankt.

In den 1960er Jahren erinnerte man sich wieder der umwälzenden Epoche des Jugendstils und begann deren Erzeugnisse zu schätzen. Die teilweise nahezu vergessenen Protagonisten des Stils wurden wieder entdeckt und geschätzt, so auch Friedrich Adler.

Der Verfasser des vorliegenden Buches schrieb 1978 aus Anlaß von Friedrich Adlers 100. Geburtstages einen Aufsatz in der „Schwäbischen Zeitung". Ihm sollten in den darauf folgenden Jahren noch weitere ca. 30 Publikationen zu Adler und seinem Werk aus der selben Feder folgen.

Laupheim, im August 2004
Ernst Schäll

---
[1] Kunst und Handwerk 1897/98, S. 252 und 356.

L 17
(siehe Seite 24)

# Friedrich Adler

# Eine Lebens-
geschichte

# Friedrich Adler – eine Lebensgeschichte (L)

L 1   Friedrich Adler am Fenster, Sommer 1932.

Um das Jahr 1750 kam Simon Jakob Adler aus Ederheim im Ries in die noch junge jüdische Gemeinde Laupheim, die seit dem Jahr 1732 bestand. Hier heiratete er eine Frau namens Sara aus Illereichen. Von beiden Ur-Urgroßeltern Friedrich Adlers sind keine Lebensdaten bekannt. Sicher ist, daß sie auch die Ur-Urgroßeltern des in Buttenhausen geborenen, in Stuttgart wirkenden Musikdirektors und Gesangspädagogen Karl Adler (1890–1973)* waren. Sechs Generationen lebte die Familie Adler in Laupheim, das jahrhundertelang zu Vorderösterreich und ab 1806 zu Württemberg gehörte[1].

L 2   Die Eltern Friedrich Adlers, Isidor Adler (1828–1916) und Karoline Frieda, geb. Sommer (1841–1921), um 1912.

---

\*   Vgl. die Monographie von Fritz Reichert „Karl Adler – Musiker, Verfolgter, Helfer. Ein Lebensbild", Stuttgart 1990.
1.   Adler – Familienstammbaum erstellt von John H. Bergmann, Scarsdale, USA.

Mit der völligen rechtlichen Gleichstellung der jüdischen Bevölkerung im Jahr 1864 begann in Laupheim ein wirtschaftlicher und kultureller Aufschwung. Um 1870 erreichte die Zahl der jüdischen Einwohner der Stadt mit 843 Personen ihren Höhepunkt bei einem Bevölkerungsanteil von fast 23 Prozent. Friedrich Adler wurde in dieser Blütezeit der jüdischen Gemeinde und der jungen Stadtgemeinde am 29. April 1878 geboren. Er war der jüngste Sohn aus der zweiten Ehe von Isidor Adler (1828–1916) und seiner Ehefrau Karoline Frieda, geb. Sommer (1841–1921), die aus Buchen in Baden stammte. Der Vater war Konditormeister und führte auch ein Lebensmittelgeschäft in der Kapellenstraße. Im Museum zur Geschichte von Christen und Juden im Schloss Großlaupheim befindet sich ein handgeschriebenes Backrezeptbuch mit dem Titel „Conditoreibuch für Isidor Adler aus Laupheim – St. Gallen im Monat September 1849". Ein zweites Erinnerungsstück an Isidor Adler in der Sammlung ist eine Relieftafel aus Metallguß als Ehrengabe des Württembergischen Gewerbevereins – Handwerkervereinigung „für langjährige und verdienstliche Leistungen und dankbare Anerkennung" aus dem Jahr 1905. 1876 ließ Isidor Adler, ebenfalls in der Kapellenstraße, ein Wohn- und Geschäftshaus erbauen, in dem er neben der Kondito-

L 3   Laupheim, Kapellenstraße 44, Wohn- und Geschäftshaus der Familie Adler. Hier wurde Friedrich Adler am 29.4.1878 geboren. Erbaut 1876 von Julius Werkmann, Laupheim. Aufnahme ca. 1930.

L 4  Laupheim zur Zeit von Friedrich Adlers Geburt. Lithographie von Eberhard Emminger.

rei auch einen Groß- und Kleinhandel für Lebensmittel sowie eine Kaffeerösterei betrieb, deren würziger Duft sich über die Stadt ausbreitete. In diesem Haus wurde zwei Jahre später Friedrich Adler geboren. Im Stile der italienischen Spätrenaissance erbaut, läßt es erahnen, daß der Bauherr der griechisch-römischen Antike zugetan war. Eine zunächst einfach konzipierte Fassade ließ er durch Fensterlaibungen verschönern. Stuckgirlanden und ein Stuckrelief, den griechischen Götterboten Hermes darstellend, sind weitere Zutaten, die den Vater Friedrich Adlers als Freund des Schönen ausweisen. In diesem Haus wuchs Friedrich Adler mit seinen vier Geschwistern auf. In späten Jahren, längst mit Berufsverbot belegt, schrieb er im Jahr 1937 über seine Jugend in Laupheim:

L 5
Friedrich Adler
im Alter von
ca. 2 Jahren zwischen
seinen Brüdern
Edmund (li.) und Jakob.

**Wege und Umwege**

*„In Laupheim (wo das liegt, weiß ja jeder) wußte man von Kunst in meiner Jugend wenig und von Romantik schon gar nichts. Die Winter waren hart und endlos. Man vertrieb sich, wie überall, die Zeit auf dem Eis und im Schnee, und ich entsinne mich zum Erstaunen der anderen Jungens, welche sich einen Schneemann machten, daß ich abseits davon mir einen Würfel baute, ihm ein Dach aufsetzte und das Ganze dadurch in eine Kirche zu verwandeln suchte, daß ich ihm einen Turm von aufeinander geschichteten Eisblöcken angliederte, die ich mühsam dadurch erhielt, daß ich einen Wassereimer abends gefüllt stehen ließ und am anderen Tag auf diese Weise die einzelnen Eiszylinder gewann. Um das ganze Bauwerk wie aus einem Guß erscheinen zu lassen, begoß ich die ganze Sache jeden Abend und erzielte auf diese Weise eine Kristallkirche, die mich bei meinen Kameraden in hohes Ansehen brachte.*

*Als ich aber erst vier Jahre alt war, dauerten die Winter erheblich länger, und ich weiß noch, in welches Entzücken ich geriet, als ich an einem Vorfrühlingstag ein junges, eben ersprossenes Blättchen Unkraut entdeckte. Es war das erste und einzige grüne Lebewesen, das sich da schüchtern am Fuß einer Mauer hervorwagte, und ich kam mir vor wie sein Entdecker, und ich war es auch, denn niemand zeigte es mir. Und als es dann in rascher Folge und überall zu grünen begann, erschien mir die entfaltete Natur, die so offen vor allen lag, nicht mehr so ‚wunderbar' wie jenes erste, noch kaum entwickelte grüne Blatt. Aber mir waren ja noch so viele Entdeckungen vorbehalten, weil es in Laupheim keinen Blumenladen, keine Illustrierte und kein Kinderfräulein gab, wodurch einem Selbsterlebnisse vorweggenommen werden konnten. So entdeckte ich Blumen, deren Namen ich erst später erfuhr, und ich erinnre mich z. B. genau, wie ich erschrak, wie ich meine erste Narzisse entdeckte. Also so etwas gab es auch, so etwas Stilles und doch Strahlendes, so etwas Getragenes und doch Schwebendes und hoch über den Primeln und Aurikeln Thronendes?*

*An einem heißen Sommertag kam schwerer Honigduft vom benachbarten Kleeacker zu mir in den Hof. Ich zwängte so gut es ging meinen Kopf zwischen die Latten des Gartenzaunes, da sah ich die Bienen und Hummeln auf dem blühenden Klee, ein summendes Gewimmel. Eine merkwürdige Kleeblüte fiel mir auf, mit einem schwarzen Aufbau von sonderbar geschnittener Form, ganz still, ganz unbeweglich stand sie zwischen dem geschäftigen Hin und Her der Bienen. Diese niegesehene, sonderbare Blüte fesselte mich, aber wie erstaunte ich, als diese schwarze Endigung der Blüte sich plötzlich bewegte, wie ein Buch aufklappte und in Farben strahlte, wie ich sie bei Blüten nie gesehen. Es war mein erstes Schmetterlingserlebnis, und noch heute kann es mir geschehen, daß mein Herz zu klopfen anfängt, wenn mir, was selten genug vorkommt, ein Falter begegnet. Aber ich ertappe mich noch heute oft genug dabei, daß in meiner Arbeit Formungen zum Vorschein kommen, die dieser Schmetterlingsliebe entspringen. Das also war ein Weg!*

*Eines Tages schenkte mir mein Vater einen Farbkasten, und als Malvorlage dienten uns damals Soldatenbilderbogen, die man nach Vorschrift kolorierte. Ich fand das zuerst sehr schön, bis ich eines Tages versehentlich mit dem blauen Pinsel über die gelben Knöpfe der Uniform strich, die sich mit einem Male grün färbten, was mich zuerst ärgerte. Dann aber grübelte ich über diese Überraschung nach, und es kitzelte mich, noch andere Farben übereinander zu malen, und ich erlebte neue Überraschungen bereits auf der Innenseite des Kastendeckels, der mir als Palette diente. Da schwammen bereits die schönsten Grüns und Violetts. Und nun spekulierte ich: wenn zwei verschiedene Farben eine neue ergeben, die so schön ist, was wird wohl geschehen, wenn ich nicht zwei, sondern alle, die ich im Kasten habe, miteinander vermische. Gedacht, getan, ich ging aufs Ganze und warf sämtliche Farbtäfelchen in das nebenstehende Wasserglas (ich war etwa fünf Jahre alt). Nun, das Resultat war recht betrübend – Kakao – und eine Tracht Prügel. Das war ein Umweg, und nicht der einzige.*

*Einige Jahre später ließ sich in meiner Heimat ein junger Malermeister nieder, und, um die Laupheimer von seiner Meisterschaft zu überzeugen, zeigte er in einem leerstehenden Schaufenster seinen Werdegang. Da sah ich zum erstenmal Ornamente, die eine frappante plastische Wirkung hatten, und mein Vater belehrte mich, daß diese Dinge nach Gips gezeichnet seien. Eine Glanznummer war ein Bild, das erste Ölgemälde, das ich sah. Es war eine herrliche Frau in schwarz, mit einem diamantenen Halbmond im Haar. Aber die Zeichnungen nach Gipsmodellen ließen mir keine Ruhe, ich mußte, koste es was es wolle, ein Gipsmodell haben, um das auch machen zu können. Wo aber in Laupheim ein Gipsmodell herkriegen, und es gab damals an unserer jüdischen Volksschule keinen Zeichenunterricht. Da kam mir der Gedanke, mir selbst zu diesem Zweck so ein Modell zu machen,*

L 6   Laupheim, Jüdische Volksschule in der Radstraße. Erbaut 1868, abgerissen 1969. Hier wurde Friedrich Adler eingeschult.

L 7   Laupheim, Synagoge, erbaut 1822, Vergrößerung und Anbau der Türme 1877. Am 9. auf 10. November 1938 durch Brandlegung der Nazionalsozialisten zerstört. Aufnahme vor 1897.

L 8   Laupheim, Synagoge, Innenansicht nach teilweiser Umgestaltung und Renovation 1903 mit maßgeblicher Beteiligung von Friedrich Adler.

*und zwar nach diesen herrlich schattierten Zeichnungen. Ich wußte von meinem Vater, daß er sich seine Backformen und ‚Springerlesmodel‘, aus denen sich so herrliches Gebäck ausformen ließ, wenn man Teig hineinquetschte, selbst negativ geschnitten hatte. Auf diesem Weg wollte ich zu einem Gipsmodell kommen. Ich bat ihn, mir von einem Maler so eine Zeichnung zu verschaffen, was er gern tat, ja noch mehr; er gab mir auch einen Kastendeckel, grub mir Lehm und schnitzte mir ein, wenn auch ganz primitives, Modellierholz. Nun machte ich mir unter seiner Leitung eine Platte und grub in sie dieses hochwirkende Ornament umgekehrt hinein. Später, viel später, wußte ich, daß es eine Negativform war. Mir machte das viel Spaß, und ich konnte kaum erwarten, bis es ans Gießen ging. Den Gips rührte mir mein Vater an, und auch der Abguß erfolgte in seinem Beisein. Als ich nun das festgewordene Positiv abhob, hatte ich zweifellos ein Gipsmodell. Es war ja ein bißchen ruppig, aber mit dem Messer und mit dem Sandpapier ließ sich noch allerlei verbessern. Nun stand also das Modell vor mir, aber die Spannung, in der ich es schlecht und recht zuwege gebracht hatte, war anscheinend größer gewesen als die Lust, es nun auch zu zeichnen, und – warum überhaupt etwas plastisch zeichnen, wenn man es schon plastisch gemacht hatte, das schien mir überflüssig und – ein Umweg. Aber daß ich den nicht gehen wollte, das rächte sich bitter, als ich mit 16 Jahren in München die Aufnahmeprüfung in die Kunstgewerbeschule machen sollte. Ich hatte (nach meiner Meinung) die schönsten Zeichnungen nach Paul Thumann, Nathan Sichel und Defregger in der Mappe, es nützte alles nichts. Gipsern stand vor mir ein Renaissanceornament, und vor zweihundert anderen hoffnungsgeschwellten Jünglingen auch. Mir konnte das aber gar nicht imponieren, und außerdem war es verstaubt und ramponiert und lange nicht so schön als das, was ich mir viele Jahre vorher selbst gemacht hatte. Kurz, ich zeichnete lustlos, und da ich mit dem Schattieren auch kein Glück hatte, fiel ich durch – obwohl ich die ramponierten Blattspitzen des Akanthus, allerdings nach meiner Phantasie, ergänzt hatte! – Und dann hat es lange gedauert, bis ich wieder auf den Weg kam, auf dem ich mich mit vier Jahren bereits befand."*[2]

Die musische Veranlagung des Vaters scheint dieser an seine Söhne weitervererbt zu haben. Friedrichs Bruder Edmund war neben seinem kaufmännischen Beruf ein begabter Pianist, der nicht nur bei Festen der Synagogengemeinde, sondern auch bei anderen Veranstal-

L 9
Friedrich Adler
um 1900.

L 10
Berta Adler,
geb. Haymann, 1907.

tungen in der Stadt auftrat. Bruder Jakob, ein hochangesehener Bürger der Stadt, war viele Jahre Gemeinderat und Bürgermeister-Stellvertreter; er schrieb Theaterstücke, die bei Festen in der Familie aufgeführt wurden.

Die jüdische Gemeinde besaß eine eigene, 1868 erbaute Volksschule, in der Friedrich Adler eingeschult wurde. Anschließend besuchte er die Lateinschule in Laupheim und eine Internatsschule in Miltenberg am Main. Selbstverständlich bestand er nach dem „Umweg" der Wiederholung die Aufnahmeprüfung für die Königliche Kunstgewerbeschule in München problemlos. Hier schloß er Freundschaft mit Paul Bürck (Straßburg 1879 – München 1947), der nach seinem Studium von

---

2. Monatsblätter des Jüdischen Kulturbundes Hamburg, Jan. 1937.

1899 bis 1902 Mitglied der Künstlerkolonie Darmstadt und anschließend Lehrer an der Kunstgewerbe- und Handelsschule in Magdeburg war. Nach mehrjährigem Rom-Aufenthalt ließ er sich als Maler und Graphiker in München nieder.

Über diese Künstlerfreundschaft berichtet die Zeitschrift „Kunst und Handwerk" 1900/01: *„... seiner weitergreifenden künstlerischen Selbstbildung waren die, zum Teil mit Bürck gemeinsam unternommenen Wanderungen in Oberbayern, in Tirol, am Rhein, bei denen Skizzenbuch und Palette treue Begleiter waren, sehr förderlich."*[3]

Oft war Paul Bürck bei der Familie Adler in Laupheim zu Gast. Er knüpfte auch Freundschaft mit der Laupheimer Fabrikantenfamilie Bergmann, deren Familienmitglieder er porträtierte. Die Freundschaft der beiden Künstler hatte jahrzehntelangen Bestand. Die Kinder Adlers erinnern sich noch gut an Bürcks Besuche in Hamburg.

Eine weitere Freundschaft pflegte Adler während seiner Münchner Zeit mit dem ebenfalls gleichaltrigen Willy Geiger (Schönbrunn bei Landshut 1878 – München 1966), dessen Radierzyklen zu den herausragenden Leistungen der graphischen Kunst des 20. Jahrhunderts gehören. Auch als Maler schuf er Bedeutendes. Der erklärte Gegner des Nationalsozialismus wurde als Leiter einer Klasse an der Staatlichen Akademie für Graphik und Buchkunst in Leipzig sofort nach der sogenannten Machtergreifung durch die Nationalsozialisten entlassen. Er hatte Adolf Hitler als den größten Desperado des Jahrhunderts bezeichnet. Viele seiner Arbeiten fielen 1937 der Aktion „Entartete Kunst" zum Opfer. Wohl um 1900 schuf Willy Geiger zwei Zinkätzungen für Friedrich Adler und seinen Schwager Dr. Hermann Haymann. Diese Arbeiten sind als aufgeschuhte Druckstöcke zum Druck von Briefköpfen in Laupheimer Privatbesitz erhalten.

Auch war Adler mit dem Bildhauer Josef Wackerle (Partenkirchen 1880–1959) befreundet. Um 1900 hatte er ein gemeinsames Atelier mit ihm in München. Doch dürfte diese Freundschaft schon Ende der zwanziger Jahre erloschen sein, denn Wackerle ließ sich für die nationalsozialistische Kunstideologie einspannen. Wie lange die Ateliergemeinschaft bestand, ist nicht bekannt, möglicherweise von 1898 bis 1902. In dieser Zeit war Adler freischaffend in München tätig. Sicher hatten ihn die positiven Berichte der Fachzeitschriften über seine Arbeiten dazu ermuntert.

Es darf als sicher angenommen werden, daß sich Adler schon früh im Kreis Gleichgesinnter um den Bildhauer und Keramiker Hermann Obrist (Kilchberg b. Zürich 1863 – München 1927) scharte. Obrist kam 1895 nach München und setzte sich in Vorträgen für eine theoretische und praktische Erneuerung des Kunstgewerbes ein. Schon vor der Gründung von Henry van de Veldes (Antwerpen 1863 – Zürich 1957) Weimarer „Kunstgewerblichem Seminar" eröffnete Obrist zusammen mit dem Maler Wilhelm von Debschitz (Görlitz 1871 – Lüneburg 1948) im Januar 1902 in München die „Lehr- und Versuchsateliers für angewandte und freie Kunst". Daß sich Adler als erster Schüler am 3. Januar 1902 eintragen ließ, läßt auf eine frühe Verbindung mit Obrist schließen. Möglich ist eine Zusammenarbeit der Künstler an bestimmten Objekten, schon vor der Gründung des Ateliers.

Im Oktober 1903 wurden vier Studenten der Schule zu Fachlehrern und Leitern von Fachwerkstätten ernannt, darunter war auch Friedrich Adler als Leiter der

L 13
Abdruck eines Druckstocks für Briefpost von Friedrich Adler, entworfen von Willy Geiger. Monogrammiert WG, um 1900.

L 11  Laupheim, Wohnhaus der Familie Adler, König-Wilhelm-Straße 21. Erbaut 1905 von Wilhelm Spannagel, München, unter Mitwirkung von Friedrich Adler. Das Haus fand in Fachkreisen besondere Beachtung. Bericht darüber in: „Süddeutsche Bauhütte", München, Nr. 9, 25.2.1909, mit Abbildungen und Plänen.

---

3. Kunst und Handwerk, „Zum fünfzigjährigen Bestehen des Bayrischen Kunstgewerbemuseums". Des Kunsthandwerks junge Mannschaft. 3. Friedrich Adler. 1901, 51. Jahrg., Heft 1, S. 17–27.

Fachwerkstätte für Stukkatur und Metallgußtechnik. Wilhelm von Debschitz erinnert sich in späteren Jahren: *„Gemäß dem klassenlosen Unterrichtsprinzip waren die universalbegabten Lehrer der Debschitz-Schule vielfach, aber nicht immer, selbst ehemalige Schüler der Anfangsjahre, in ihren Unterrichtsverpflichtungen zwar für eine Werkstatt oder ein bestimmtes Fachgebiet verantwortlich, aber keineswegs an diese Disziplin gebunden. Sie unterrichteten vielmehr auf allen Gebieten, an denen sie selbst interessiert waren und in denen sie etwas leisten konnten und eine eigene Entwurfstätigkeit entfalteten. Dies betraf nach Obrist und Debschitz später vor allem Friedrich Adler, Hans Schmithals, Karl und Fritz Schmoll von Eisenwerth, Wolfgang von Wersin, die lehrend und entwerfend in fast allen künstlerischen Bereichen wirkten."*

Ein gutes Beispiel für die Universalität Friedrich Adlers ist ein Beitrag in „Kunst und Handwerk" von 1901[4]. Dort sind Entwürfe Adlers in verschiedenen Techniken abgebildet: eine Schnitzarbeit, ein Wandfries, Schmuck, eine Lampe, Stickarbeiten und nicht zuletzt Zinnarbeiten, die eine besondere Domäne für Adler werden sollten. Renommierte Zinngießereien arbeiteten nach seinen Entwürfen. Feine Zurückhaltung im Dekor sowie material- und werkstättengerechte Formgebung zeichneten seine Arbeiten aus. Bald kamen Entwürfe für Raumgestaltung hinzu, die auch bei der „Internationalen Ausstellung für moderne und dekorative Kunst" in Turin 1902 gezeigt wurden. Den Vorraum für die württembergische Landesgruppe schuf Friedrich Adler. Darin waren eine Sitzbank und ein Stuhl nach Bernhard Pankoks Entwurf. Die überlieferte Aufnahme zeigt eine sehr harmonische Abstimmung von Pankoks Sitzmöbel mit der von Adler entworfenen Täfelung und Stukkierung von Decke und Wand. Hergestellt wurden Möbel und Täfelung in der Königlichen Lehr- und Versuchswerkstätte Stuttgart, die Pankok leitete. Damit ist die enge Zusammenarbeit der beiden Künstler nachgewiesen. Der Ausstellungsraum der Debschitz-Schule in München wurde mit Adler-Möbeln ausgestattet. Adler entwarf Möbel, meist sogar komplette Wohnungseinrichtungen während seiner ganzen Schaffenszeit. Außer in den genannten Lehrinstituten wurden die Möbel von Firmen in Laupheim, Göppingen und Hamburg, meist als Einzelstücke, hergestellt. In Serie fertigte die Firma Philipp Rechtsteiner in Laupheim ein lackiertes Schlafzimmer und die Laupheimer Werkzeugfabrik LW, Jos. Steiner und Söhne, Laupheim, kleine Werkzeug- und Pfeifenwandschränkchen verschiedener Ausführung für den Privathaushalt, von denen sich drei in Laupheimer Privatbesitz erhalten haben.

Von München ging der deutsche Jugendstil aus. Viele namhafte Künstler hat es nach 1895 in diese Stadt gezogen, doch so spontan dieser Kunststil erblühte, so rasch welkte er wieder dahin. München verlor an Attraktivität und bereits 1903/04 wanderten einige Künstler wieder ab. Auch Friedrich Adler verließ 1907 die Stadt und folgte einem Ruf an die Kunstgewerbeschule Hamburg, die sich später Landeskunstschule nannte. Die Gründe für seinen Ortswechsel dürften bei ihm auch eine finanzielle Besserstellung gewesen sein, denn er war dabei, eine Familie zu gründen. Am 21. Mai 1907 heiratete er Berta Haymann, die Tochter des Lehrers an der jüdischen Volksschule in Laupheim, Max Haymann, und seiner Frau Ida, geb. Rieser. Fünf Kinder entsprossen der Ehe, drei Söhne und zwei Töchter.

Auch wenn sich Adler in Hamburg recht wohl fühlte und als Pädagoge anerkannt und erfolgreich war, so blieben seine künstlerischen Wurzeln doch in Mün-

L 12   Friedrich Adler mit seiner Frau Berta am Bodensee, um 1907.

4. Ebd.

chen und Nürnberg. Treffende Belege dafür liefern die Museen dieser Städte. Während das Museum für Kunst und Gewerbe Hamburg in der langen Zeit, in der Adler in Hamburg wirkte, nur wenige Stücke von ihm erworben hatte, besitzen das Münchner Stadtmuseum und in noch größerem Maße das Gewerbemuseum der LGA im Germanischen Nationalmuseum Nürnberg ausgewählte Exponate in Silber und Zinn sowie nach seinem Entwurf ausgeführte Elfenbeinschnitzereien. In den Anfangsjahren seiner Hamburger Zeit beteiligte er sich auch noch bei Ausstellungen der Debschitz-Schule in München. Es erhebt sich die Frage, weshalb die Direktoren des Hamburger Museums für Kunst und Gewerbe Justus Brinkmann (1877-1919) und Max Sauerlandt (1919-1933), die maßgeblich die Ankäufe tätigten, Adler weitgehend ignorierten.

Nie riß die Verbindung zu seiner Heimatstadt Laupheim ab. Jedes Jahr kam Adler, um Eltern und Verwandte zu besuchen; auch berufliche Bande hatten Bestand, so das mit dem bereits erwähnten Möbelschreiner Rechtsteiner. Diese freundschaftliche Verbindung hielt auch in der Zeit der Diskriminierung und Verfolgung der Juden während des Nationalsozialismus. Es ist überliefert, wie Adler seinerzeit den abgelegenen Garteneingang benutzend, den Freund besuchte. Rechtsteiners Arbeiten nach Adlers Plänen waren auf verschiedenen Ausstellungen zu sehen.[5]

Die Tageszeitung „Laupheimer Verkündiger" verfolgte den Lebensweg des Künstlers von den frühen Anfängen an. So wurde beispielsweise ein Bericht der „Münchner Post" am 17. März 1906 abgedruckt:

*„Friedrich Adler, Lehrer in den Lehr- und Versuchs-Ateliers für freie und angewandte Kunst (W. v. Debschitz), stellt einen Mahagonisalon, verschiedene Einzelmöbel, Schmuck, Metallarbeiten, Textilien und Entwürfe für Architekturplastik aus. Adler gehört zu den geschmackvollsten jüngeren Möbelkünstlern, die München gegenwärtig besitzt. Sein Mahagonisalon vereinigt denselben Holzton mit der Silberfarbe der Beschläge und dem Grau des gemusterten Polsterplüsches zu einem Akkord von delikater Feinheit. Allen seinen Formen haftet etwas ungemein Überzeugendes an. Sie sind notwendig so, wie sie sind. Diese Notwendigkeit ist aber nicht rein technischer Natur und ist freie künstlerische Tat. Denn die Konstruktion allein vermag niemals zu überzeugen. Besonders wohlgelungen findet man das Zierschränkchen und den Bücherschrank. Man freut sich der ungelogenen Kultur, die in diesen Arbeiten zum Ausdruck kommt. Jede Linie erzählt von liebevollem Durchdenken, keine bleibt im Problematischen stecken. Die Einfachheit, die allen modernen Innenkünstlern Gesetz (manchmal auch Eselsbrücke) ist, hat sich auch Adler zur Richtschnur genommen. Aber innerhalb dieser Schranke spielt eine schöne Gestaltungskraft. Adler gliedert seine Möbel übersichtlich und klar, läßt hier ein Fach offen, schließt die anderen mit Glasscheiben zu, bringt da und dort eine Linie in gefällige Bewegung, versieht die Stützen mit anspruchslosen Eindrehungen, legt in leere Flächen kleine schwarze Intarsien mit Perlmuttervierecken und gibt dem ganzen wohlabgewogene, anmutige Verhältnisse – so entsteht die keusche, sanfte Schönheit, die diese Arbeiten auszeichnet. Nebst den Möbeln gibt Adler sein Bestes in den Schmuckarbeiten. Jedes der hier ausgestellten Kolliers löst seine Aufgabe anders, aber gemeinsam ist allen die feine Charakteristik des edlen Materials und die sorgfältige Ausnutzung der Wirkung des Steines. Die Arbeit des Künstlers stellt sich hier der Kostbarkeit der Stoffe vollkommen ebenbürtig zur Seite. Das reiche Material wird durch die künstlerische Verarbeitung restlos gerechtfertigt und bestätigt – aus diesem Einklang zwischen Geist und Stoff beruht die rein ästhetische Wirkung. Denselben feinen Geist, dieselbe treffliche Charakteristik des Materials verraten Adlers Zinnarbeiten (Kassette, Schale, Henkelkörbchen, Tintenfaß usw.). Ihre weichen, fließenden Formen geben dem Metall die Möglichkeit, alle Nuancen seines Glanzes zu entfalten. Sie haben außerdem bei allem sinnlichen Reiz geistigen Gehalt genug, dass man bei jedesmaligem Anschauen neue Entdeckungen zu machen Gelegenheit hat. – Den gewebten Wandbehang des Salons kann man als gelungenen Versuch, die Weberei in höherem Maße als bisher dem Raum dienstbar zu machen, von Herzen begrüßen."[6]*

Kommentare dieser Art zeigen, daß Adlers Arbeiten gut eingeführt waren und bei Kunstkritikern wie in der Öffentlichkeit Anerkennung fanden. Das Bayrische Gewerbemuseum Nürnberg unter der Leitung von Theodor von Kramer veranstaltete von 1901 bis 1913 alljährlich kunstgewerbliche Meisterkurse mit dem Zweck, *„bayrischen Kunsthandwerkern, besonders*

---

5. „Laupheimer Verkündiger", 21.4.1907 und 21.1.1909: Möbelausstellung bei Kunstschreiner Philipp Rechtsteiner in Laupheim, nach Entwürfen von Friedrich Adler. Vgl. den Katalog zur Werkbundausstellung in Köln 1914, S. 109: Schreinerarbeiten in der Synagoge von Philipp Rechtsteiner nach Entwürfen von Friedrich Adler.

6. „Laupheimer Verkündiger", 17. 3. 1906.

*solchen, die fern von Kunstzentralen ihren Wohnsitz haben, Gelegenheit zu geben, mit Bahnbrechern und Führern der modernen kunstgewerblichen Bewegungen persönliche Fühlung zu gewinnen und damit ihr Schaffen nach den zeitgemäßen künstlerischen Grundsätzen zu gestalten..."* Die Kurse waren von vierwöchiger Dauer und standen unter der Leitung eines auf dem Gebiet des modernen Kunstgewerbes hervorragend bewährten Künstlers.

Friedrich Adler leitete die letzten vier Meisterkurse der Jahre 1910 bis 1913, in denen sich fertig ausgebildete Kunsthandwerksmeister im Zeichnen und Entwerfen kunstgewerblicher Erzeugnisse weiterbilden konnten. Seine Vorgänger als Lehrer waren Peter Behrens, Richard Riemerschmied und Paul Haustein. Wie in den vorangegangenen waren auch in den von Adler geleiteten Kursen Kunsthandwerker, deren Namen heute noch nicht vergessen sind. Nachhaltig befruchtend wirkte Adlers Einfluß auf seinen acht Jahre älteren Schüler Emil Kellermann (Berlin 1870 – Nürnberg 1934), einen hochbegabten Elfenbeinschnitzer, mit dem er gemeinsam hervorragende Werke der angewandten Kunst schuf. Dasselbe gilt für die Zinngießer Walter Scherf (Nürnberg) und Eugen Wiedamann (Regensburg).

Schon Jahre vor der großen Schau der Deutschen Werkbundausstellung wurde über Adler geschrieben: *„An ein ganz besonderes Gebiet sei dabei mit herzlichem Wunsche gedacht: Sein Ziel einer großen jüdischen Kunst. Adler scheint mir der Künstler zu sein, eine Synagoge zu schaffen, die ganz dem jüdischen Ritus entsprechend ausgestaltet wäre. Seine Sehnsucht geht nach einer solchen Schöpfung. Und sein frohes Bekenntnis zum Judentum zwingt zur Hochachtung wie sein entschlossenes Zugreifen, seine Abwehr gegen alles schwache und verfehlte Anlehnen an jetzt so beliebte „romanische" oder „frühchristliche" oder „maurische" Schöpfung –. Das wird ihm den Weg weisen zu einer künstlerischen Gestaltung wie sie in allem Reichtum der Dichtung des Hohen Liedes innewohnt. Adler steht hier als Einziger da, weil er Altes versteht, immer Gültiges würdigt und von der Sehnsucht nach neuer Schönheit erfüllt ist."*

Der Erfüllung dieser Sehnsucht ist Adler 1914 in der Kölner Werkbundausstellung sehr nahe gekommen. Die teilweise geradezu euphorischen Kommentare sind durch das Geschehen des Ersten Weltkriegs, dem auch Adlers bedeutendstes sakrales Werk zum Opfer fiel, ohne nachhaltige Wirkung verklungen. (Siehe weiter unten das Kapitel „Sakrale Kunst").

L 14   Frieda Erika Fabisch, Friedrich Adlers spätere Frau, um 1917.

Im Oktober 1913 bezog die „Staatliche Kunstgewerbeschule zu Hamburg" das neue Schulgebäude im Lerchenfeld, das Fritz Schumacher (Bremen 1869 – Hamburg 1947), der bekannte Architekt und Städteplaner, Oberbaudirektor der Hansestadt Hamburg, entworfen hatte. Von Schumacher war bekannt, daß er junge Talente förderte. So hat er Arbeiten an dem Bau Lehrern und Schülern übertragen. Von Adler und Studenten seiner Klasse wurde u. a. die Kuppel des Eingangspavillons ausgemalt. Zur Eröffnung der Schule erschien ein Buch, in dem Adler seine Gedanken zur Kunsterziehung niederschrieb:

*„Der Weg zum lebendigen Werk der freien oder angewandten Kunst muß durch die Natur hindurchführen. Der Schüler muß lernen, sich die Natur untertan zu machen, er muß sie überwinden, um dann, wenn er selbst schafft, frei mit deren Formen, Farben und Rhythmen, die er sich zu eigen gemacht hat, schalten und walten zu können. Die Vorliebe des einzelnen Schülers für ganz bestimmte Naturdinge, die Auswahl, die er trifft, bestimmt bald und fast ohne Zutun*

*des Lehrers den Charakter seiner Formgestaltung, seiner Farbgebung und seiner Rhythmik. Ich erblicke mit die wichtigste Aufgabe des Erziehers darin, daß er den Schüler in der Richtung dieser seiner Formenwahl hin fördert, sobald eine bestimmte Tendenz zu spüren ist. Nur so ist es möglich, den begabten Schüler auf seinen Weg zu bringen.*

*Es ist erwiesen, daß das Naturstudium dem Schüler zeichnerische Fähigkeiten vermittelt und dessen Empfindsamkeit steigert. Aber was noch zu wenig beachtet wird, das sind die vorbildlichen technischen Schönheiten der Naturgebilde. Wenn auch zwischen der Technik in der Natur und der menschlichen Technik ein himmelweiter Unterschied ist, das eine bleibt doch vorbildlich, nämlich die volle Durchdringung von Stoff und Zweck in der Natur und deren Resultat, die selbstverständliche Schönheit der Dinge.*

*Während die Naturdinge in ihrer Zweckform an sich schon schön sind, sind wir noch weit davon entfernt, unsere Geräte ohne äußere dekorative Zutaten in gleichem Maße schön zu empfinden. Wir schmücken nur allzu oft diese Dinge mit Formen, die nicht notwendig zu ihnen gehören, auch wenn das Material an sich schon ausdrucksvoll und reizvoll genug wäre. Hier muß der Lehrer einsetzen und dem Schüler die Gebiete und Stoffe erschließen, die eines Schmuckes bedürfen, und andererseits ihn lehren, sich den anderen Stoffen, die ein eigenes Leben haben, unterzuordnen, um ihnen gerecht werden zu können.*

*Wir streben nach Möglichkeit den Kontakt mit dem Hersteller, dem Kunsthandwerker oder dem Fabrikanten an und ermöglichen so dem Schüler die Erprobung seiner Versuche und Entwürfe. Er kann also noch in seiner Lehrzeit, abgesehen vom Werkstattunterricht, in der Schule selbst Erfahrungen über die Brauchbarkeit seiner Entwürfe sammeln und unter Umständen sich so eine Brücke zum Erwerbsleben bauen, und er wird schon in der Schulzeit bekannt gemacht mit all den Schwierigkeiten, die auch dem Begabtesten im Leben nicht erspart bleiben."*[7]

Auch hier wieder Adlers Bekenntnis zum Naturstudium, aber auch eine überzeugende Aussage zur modernen Kunsterziehung.

Der Verfasser des vorliegenden Buches hatte noch Gelegenheit, Anfang der 1980er Jahre mit Schülerinnen und Schülern Adlers in Verbindung zu treten und sie auch persönlich kennenzulernen. Sie waren 1918 bis 1922 in seiner Klasse für ornamentale Gestaltung. Alle sprachen über ihn mit großer Hochachtung und hoben seine moderne Pädagogik hervor. Auch schrieben sie ihre Erinnerungen an ihren Lehrer nieder. In hohem Alter, nach sechzig Jahren, war diese Erinnerung verblaßt und vorwiegend mehr persönlicher Art geblieben.[8]

Emmi Schmidt, Hamburg, berichtet:
*„Adler war uns mehr ein persönlicher Freund als ein Lehrer. Aber er war ein guter Pädagoge und war um jeden seiner Schüler bemüht. Durch ihn eröffnete sich uns eine ganz neue Welt, von der wir vorher nichts gewußt haben: Die schöpferische Welt der Künstler ..."*

Anita Suhr, Hamburg, erinnert sich:
*„Mit dem Zeichnen - Abzeichnen von Pflanzen - dem Zeichnenlernen begann das Studium und die Aufgabe danach, unsere Pflanzen aus der Erinnerung aufzuzeichnen. Hatten wir Ton, Farbe und Rhythmen einer Pflanze als Ausdruck ihrer Wesenheit erfaßt, konnten wir sie frei, auch als Ornament umgestalten.*

*Eine Vitrine mit Insekten und Schmetterlingen holte Adler herbei; sprach sinnenfreudig über den Formen - Farbenreichtum in der Natur und hat uns nahegelegt, die phantastische Baukunst der geflügelten, feingliedrigen Geschöpfe eingehend zu betrachten.*

*Ein lebendiges Interesse hatte unser Lehrer an den Arbeiten seiner Schüler, auf die ihnen eigene Gestaltungsweise positiv eingehend, förderte er die Besonderheit einer Begabung ..."*

Die größte je in Deutschland gezeigte Ausstellung für angewandte Kunst, die zugleich den Höhepunkt für das deutsche und europäische Kunsthandwerk bildete, war die „Deutsche Werkbundausstellung Cöln 1914". Auch für Friedrich Adler selbst stellte sie eine besondere Herausforderung dar, die er glänzend bestand. Noch nie war sich die Kunstkritik so einig im Urteil über seine Arbeiten, sie war voll des Lobes. In der Haupthalle wurden ein evangelisches, ein katholisches und ein jüdisches Gotteshaus gezeigt.

Architekt der Synagoge war Friedrich Adler, der zugleich als Entwerfer für die gesamte Inneneinrichtung verantwortlich war. In vielen Bereichen waren auch Studenten seiner Klasse an den Entwürfen beteiligt, u.a. Robert Heß bei den Buntglasfenstern und Georg Schmidt beim Gestühl für Rabbiner und Vorbeter. Der Laupheimer Kunstschreiner Philipp Rechtsteiner fer-

---

7. „Die staatliche Kunstgewerbeschule zu Hamburg", Oktober 1913, S. 36/37.

8. Alle Briefe befinden sich im Privatarchiv des Autors.

tigte das Mobiliar. In Vitrinen wurden sakrale Kultgeräte für den Gebrauch in Synagogen und im jüdischen Haus gezeigt.

Als am 16. Mai 1914 nach wochenlangem Regen, der die Bauarbeiten beeinträchtigte, die Ausstellung eröffnet wurde, strahlte die Sonne. Ein riesiges Messegelände von 350.000 Quadratmetern konnte gerade noch gesäubert werden, bevor das großartige gesellschaftliche und künstlerische Ereignis mit viel Prominenz um 12 Uhr stattfand. Alles, was Rang und Namen hatte aus Politik, Industrie und Wirtschaft, aus Kunst und Kunsthandwerk war dabei. Die große Schau sollte ein Zeugnis geben „von der Größe und Stärke des neuen künstlerischen Wollens und Könnens". Am 1. August 1914 erklärte Deutschland Rußland den Krieg. Der Erste Weltkrieg begann und sollte vier Jahre dauern. Mit diesem Datum endete vorzeitig die Kölner Ausstellung. Eine Belegung der Hallen durch das Militär erfolgte unmittelbar und so rasch, daß viele Aussteller Mühe hatten, ihre Ausstellungsstücke zurückzubekommen. Alles fest Installierte mußte bleiben. Nach dem Krieg waren die in Leichtbauweise erstellten Gebäude durch Witterungseinflüsse und Vandalismus total heruntergekommen und wurden in der Folgezeit nacheinander abgerissen.

Ein 1914 in „Ost und West – Illustrierte Monatsschrift für das gesamte Judentum" angekündigter ausführlicher Bericht erschien aufgrund der Kriegsereignisse erst 1918:

„*Adler steht nicht nur in der ersten Reihe der Könner, er zählt auch zu den Vorkämpfern für den Geschmack in allen kleinen und großen kunstgewerblichen Dingen des Lebens; und er gehört, wie Paul Westheim sagt, zu den Gestalten, die aus einer heimlichen Künstlersehnsucht einen Faktor der praktischen Volkswirtschaft gemacht haben. Wenn er Räume ausstattete, Metallarbeiten formte, Textilentwürfe zeichnete, suchte er als Künstler immer der Sache eines qualitätvollen Kunsthandwerks zu dienen.*

*Die interessanteste Seite im Schaffen Adlers sind seine religiösen Gegenstände. Hier besonders hat er Neuland betreten. Nirgendwo gibt es einen starreren Konservativismus der Formen als in den Zeremonialgegenständen. Wohl haben alte Funde und Familienstücke den Beweis eines hoch entwickelten Kunstgewerbesinns erbracht; aber man darf aussprechen, daß dieser Sinn nicht fortentwickelt, nicht dem Fühlen neuer Generationen angepaßt wurde. Der Inhalt wird ewiglich derselbe bleiben – aber wir wollen darüber nicht die Schale vergessen. Sie darf und soll erweisen, daß der jüdische Künstler mit Liebe und Andacht nach neuen, verherrlichenden Formen strebt. In den Kultgeräten, von denen einige hier im Bilde festgehalten sind, gibt Friedrich Adler Vollendetes. Diese wundervoll geschwungene Sederschüssel, reich an gedanklicher Ornamentik, Prunkstück aber nicht Prozentstück, läßt sich gut auf einem patriarchalischen Familientisch denken. Der silberne Leuchter setzt die Linie glücklich fort. Man möchte den Wunsch aussprechen, daß diese Geräte nicht weniger wie das Habdalah Gerät von bewunderten Schaustücken zu Zweckstücken werden möchten. Denn in ihnen allen ist ein Feierliches, Festliches, das edle Material, die edlen Formen sind Ausdruck uralter, heiliger Feiertagsmelodien. Nur mitschwingendes, weil eingeborenes Gefühl, vermag die Thorakrone zu schaffen, die sich in Adlers großem Werk findet; ihre Reproduktion verbietet sich aus technischen Gründen. Schwarzweißmechanik vermag nicht den Zauber dieser mit Amethysten besetzten Silberkrone anschaulich zu machen. Auch der mit leuchtenden Amethysten gehobene Thoraschild ist Zeugnis feinsten Vollbringens. Und man müßte, um ein Gegenstück zu dieser Neugestaltung von Kultgeräten zu finden, zu ihrer sinnfälligen Hebung, auf das Werk der berühmten Kirchenkünstler zurückgehen. In der Hingabe zum ‚Handwerk' aber, in dieser von keiner Stundenzählung gehemmten Liebe zum Detail, vergleiche ich mir diesen Friedrich Adler mit den alten Nürnberger Meistern. Sie lebten in einer Zeit, die noch Zeit hatte, Zeit für das Kunstgewerbe zu haben. Das Amerika der Konfektion wurde viel, viel später entdeckt. Und so konnte es geschehen, daß Jahrhunderte und Königreiche vergingen, eine kleine Nürnberger Uhr aber geblieben ist. Allen Künstlern unserer Zeit, die fern vom Produktionstrubel dieser Epoche, ihrem Werke hingegeben sind, schulden wir Dank. Dank auch diesem Friedrich Adler, dessen Schaffen von Liebe und Andacht zeugt ...*" An anderer Stelle heißt es:

„*Da ist es schön zu sehen, wie Adler sich ein Gotteshaus unserer Tage denkt. Aus dem mißachteten, weil nur wenigen Gestaltern dienstbaren, keramischen Stoff formt er sich den Vorhof, diesen edel gewellten Bau, in dem die ruhige Stimmung der Andachtsstätte aufklingt. Das ‚Glasfenster' und der ‚Blick in den Hauptraum' können (wie alles andere hier Verbildlichte) allerdings nur eine schwache Andeutung des architektonischen Wollens geben. Aber der Geist, der den Künstler lenkt, ist zu spüren.*"[9]

---

9. „Ost und West" XVIII Jahrg., Heft 3/4, S. 77-90 (1918).

1913 plante der ehrgeizige Bürgermeister von Lyon, Senator Herriot, eine Ausstellung von europäischem Rang, mit der er beweisen wollte, daß Großes nicht nur in Paris geboten werden kann. Alle Kultur- und Industriestaaten sollten sich daran beteiligen. Die Stadt Nürnberg und das Landesgewerbemuseum in Bayern nahmen in Form einer Sonderausstellung daran teil. Der Direktor des Museums Theodor von Kramer stellte die erlesensten Stücke der neuzeitlichen Erwerbungen zur Verfügung und ermunterte die Nürnberger Kunsthandwerker, durch Leihgaben den Erfolg für die Stadt zu sichern. Die geplante Ausstellungseröffnung im Mai 1914 wurde nicht nur durch die verfehlte Terminplanung verzögert, sondern auch widrige Umstände, wie Sturm und Überschwemmung und letztlich ein Arbeiteraufstand, waren Ursachen dafür. Erst Ende Juni konnte die Eröffnung stattfinden.

Die Ausstellung sollte auch dazu beitragen, die Wunden zu heilen, die der verlorene Krieg gegen Deutschland 1870/71 in die Seelen der Franzosen gerissen hatte. Diesem Bestreben wurde ein abruptes Ende bereitet. Am 1. August erklärte Deutschland Rußland, am 3. August Frankreich den Krieg. Die Ausstellung wurde geschlossen, das deutsche Ausstellungsgut unter staatliche Verwaltung gestellt und in einer Speditionshalle deponiert. Alle Bemühungen, die Objekte über die noch neutrale USA und die Schweiz zurück zu erlangen, blieben vergeblich. Auch als der Krieg endlich vorüber war, änderte sich nichts an der Situation. Die Leihgeber warteten vergeblich auf ihre Stücke. Als der französische Staat die Beschlagnahme aufhob, wurden horrende Summen für die Einlagerung verlangt, die die Leihgeber nicht aufbringen konnten. Die Stücke wurden 1923 versteigert und auf Grund des angeblich schlechten Ergebnisses nur sehr geringe Beträge ausbezahlt.

Das Prunkstück unter den Leihgaben des Landesgewerbemuseums war eine Silberbowle gewesen, die 1910 aus Mitteln der Freiherr Lothar von Faber-Stiftung erworben werden konnte. Entworfen hatte die Bowle Friedrich Adler, angefertigt hatte sie der Nürnberger Silberschmied Johann Christian Wich. Sie wurde in einer von Valentin Öckler, einem Nürnberger Kunsttischler und Schüler des von Adler geleiteten Meisterkurses, speziell dafür angefertigten Vitrine ausgestellt. Dies währte jedoch nur knapp vier Jahre. Nach der Versteigerung blieb sie bis zur Antiquitätenmesse 1975 in München verschwunden. Offensichtlich kam sie 1923 in gute Hände, denn als sie vom Germanischen Nationalmuseum zum zweiten Male erworben wurde, wies sie nur geringste Beschädigungen auf.

1914 beschäftigte sich auch das angesehene englische Kunstjournal „The Studio" im „Year Book of Decorative Art" (S. 91) mit den Arbeiten Adlers:
*„Friedrich Adler aus Hamburg ist ein weiterer vielseitiger Künstler, der in den verschiedensten Bereichen der angewandten Kunst erfolgreich praktiziert hat. Obwohl er ein hervorragender Designer von Ornamenten war, der viele schöne Textilarbeiten hervorbrachte – besonders Teppiche –, aber auch dekorative Bilder, Silberartikel und Elfenbeinschnitzereien, hat er sich nichtsdestoweniger als kompetenter Designer kompletter Inneneinrichtungen bewiesen, die alle Eigenschaften einer komfortablen Häuslichkeit hatten und gleichzeitig alle ihre Aufgaben erfüllten. Später hat er in Zusammenarbeit mit Willi Meimerstorf Tonwaren guter Qualität unter der Bezeichnung Hanseatische Steinware auf den Markt gebracht, die sowohl sehr ansehnlich und praktisch waren als auch sehr schöne Glanz- und Farbeffekte hatten." (übersetzt aus dem Englischen: Claudia Schäll)*

Hier wird ein bisher wenig zugängliches Gebiet Friedrich Adlers, das seiner Entwurfstätigkeit für Steingut und Töpfereien, angesprochen. Es sind aber auch Entwürfe für Arbeiten in Serpentinstein und Überfanggläser bekannt.

Der Erste Weltkrieg dauerte mehr als vier Jahre und forderte einen hohen Blutzoll. Die europäischen Machtstrukturen änderten sich, und der Jugendstil wurde endgültig zu Grabe getragen. Weniger als zwei Jahrzehnte dauerte die Stilepoche, die so viel Umwälzendes hervorgebracht hatte. Auf allen Gebieten der angewandten Kunst war die aus der Natur abgeleitete Ornamentik einer konstruierten, expressiven Formgebung gewichen. Die Künstler des „Bauhauses", 1919 von Walter Gropius (Berlin 1883 – Boston 1969) gegründet, wurden richtungsweisend in Architektur und Design. Sie lehnten das Ornament ab. Auch bei Adler vollzog sich ein Stilwandel, der schon vor seinem Wechsel nach Hamburg deutlich wurde. Er hatte sich wie andere moderne Künstler von dem in der Endphase mit vielen Stilauswüchsen behafteten Jugendstil allmählich entfernt, wobei er aber weiterhin dem Naturstudium verbunden blieb.

Gleich bei Ausbruch des Krieges zog Friedrich Adler ins Feld. Meist an vorderster Front kämpfend, überlebte er als mehrfach ausgezeichneter Offizier-Stellvertreter, gesundheitlich schwer angeschlagen, den Krieg. Nach einem längeren Lazarett-Aufenthalt 1916 in Hirsau im Schwarzwald hatte er wieder Dienst an der Front getan. Im März 1918 kehrte er nach Hamburg zurück. Doch dort erwartete ihn ein weiterer harter Schicksalsschlag.

Am 24. November 1918, zwei Tage nach der Geburt der Tochter Berta, die sich heute Rina Lior nennt, verstarb seine Frau mit erst 36 Jahren an der Spanischen Grippe, die in Hamburg viele Opfer forderte.

Wenn es nach dem Krieg um Friedrich Adler stiller wurde, ist das sicher zu einem wesentlichen Teil den bedrückenden Verhältnissen im Familienleben zuzuschreiben, das mit fünf Kindern ohne Mutter weitergehen mußte. Zudem litten die Menschen unter den Kriegsfolgen, so daß die Kunst im täglichen Leben keine vordergründige Rolle spielte. Lebensmittelknappheit und eine enorme Geldentwertung durch die Inflation von 1921 bis 1923 waren die Themen, die die Menschen berührten. Andererseits hatte sich ein enormer Wandel in der angewandten Kunst vollzogen, der den Ornamentiker Adler vor die schwierige Aufgabe einer Neuorientierung stellte.

Schon 1919 hatte Adler seine Lehrtätigkeit an der Kunstgewerbeschule Hamburg wieder aufgenommen. Der Senat ernannte ihn am 3. Januar 1927 zum Professor. Er war weiterhin ein gefragter Innenarchitekt und Möbelentwerfer, und er wandte sich wieder verstärkt einem Gebiet zu, mit dem er sich schon früher beschäftigt hatte, dem Textilentwurf. Um die Jahrhundertwende waren es die wieder in Mode gekommenen Stickereien und Applikationen, nach 1910 Entwürfe für

L 15   Ehepaar Adler bei einer Wanderung im Alten Land, um 1922.

L 16
Familie Adler, von li.
Max Wolfgang, 1910–1999;
Amaranth, geb. 1925;
Frieda Erika Adler,
geb Fabisch, 1898–1968;
Rinah, geb. 1918;
Ingeborg, geb. 1912;
Hermann, 1908–1982;
Friedrich, 1878–1942;
Paul Wilhelm, 1915–1942/43.
Aufnahme 1929.

L 17   Friedrich Adler mit Tochter Ingeborg in ihrer Wohnung in Hamburg, 1922.

L 18   Friedrich Adler nach Ferientagen in Laupheim, bei der Abfahrt nach Hamburg, Laupheim Hauptbahnhof, heute Westbahnhof.

Velourteppiche und andere Bodenbeläge. Ab 1920 war es der Stoffdruck, dem er sich vor allem widmete.

Ein paar Jahre lieferte er Entwürfe zum Hand- und Maschinendruck für die Firma Habig in Herdecke, doch dürfte die Zusammenarbeit an den zu hohen Produktionskosten und Absatzschwierigkeiten gescheitert sein. Intensiv beschäftigte sich Adler mit der Neubelebung des aus Java stammenden Batik-Drucks. Nachdem es durch ein von ihm selbst entwickeltes, patentiertes Handdruckverfahren möglich geworden war, mehrere übereinandergelegte Stofflagen zu durchdrucken, wagte er sich zusammen mit einem Techniker an die Konstruktion einer sog. Wachs- und einer Druckmaschine, die den zeitraubenden Handdruck ersetzten. Auch dieses umwälzende Wachsdruckverfahren wurde in Deutschland und in den USA patentiert. Adler gründete 1926 die ATEHA – **A**dler **Te**xtildruckgesellschaft **Ha**mburg m. b. H.

Die wirtschaftliche Situation war Anfang der dreißiger Jahre sehr bedrückend. Konjunkturrückgang und eine bis dahin nicht gekannte Arbeitslosigkeit, die besonders in den Städten zu Not und Elend führte, gab dem jungen Unternehmen wenig Chancen. Die Käufer bevorzugten billigere Massenware. So kam schon 1934 das „Aus" für die Firma, von der sich Adler so viel erhofft, für die er Jahre gearbeitet und viel Geld investiert hatte.

1920 hatte Friedrich Adler Frieda Erika Fabisch, eine hochbegabte Schülerin seiner Klasse, geheiratet, die ihm 1924 die Tochter Amaranth und 1937 den Sohn Michael schenkte. Sie stand ihm besonders bei den Textilentwürfen und deren Ausführung aktiv zur Seite, trat aber auch mit eigenen Entwürfen hervor.

Bereits vor dem Krieg hatte Adler Schul- und Klassenfeste organisiert, die aber nicht zu vergleichen waren mit den späteren Hamburger Künstlerfesten, die bald Berühmtheit erlangten. Adler und seine Frau Fef (von **F**rieda **E**rika **F**abisch) gehörten immer zu den maßgeblichen Mitgestaltern der Feste, die im Curiohaus in Hamburg stattfanden. Zwei bedeutende Musiker, der Gesangspädagoge Karl Adler, ebenfalls ein Schwabe, von dem schon die Rede war, und Hans Heinz Stuckenschmidt, der Musikwissenschaftler und Komponist, schrieben Kompositionen zu Adlers Festentwürfen, die jedoch verschollen sind. Dies ist sowohl von den Kindern Adlers als auch von der Studentin der Adler-Klasse, Anita Suhr, die an den Dekorationen mitgearbeitet hatte, überliefert. (s. Plakat Gr 13, S. 122)

## Entlassen – diskriminiert – verfolgt – ermordet (1933–1942)

Friedrich Adler war an Politik wenig interessiert. Es ist jedoch kaum anzunehmen, daß er den frühen Aufstieg der Nationalsozialisten in der Hansestadt nicht registrierte, denn Hamburg war eine Nazi-Hochburg. Möglicherweise hat er ihn bewußt ignoriert oder unterschätzt. Am 24.4.1933 erreichte ihn die knappe Mitteilung seiner Entlassung, ohne Angabe der Gründe. Gleichzeitig wurden vier weitere Dozenten der Hochschule entlassen. Ihre Kunst war nach Ansicht der neuen Machthaber dekadent und entartet, oder sie galten als politisch nicht tragbar. Adler nahm die Entlassung bzw. Zwangspensionierung nicht widerspruchslos hin. Er wollte sich nicht damit abfinden, in Verkennung der Situation, die er nicht begriff, nicht begreifen wollte. Nur drei Tage später erhielt er die schriftliche Aufforderung, sein Atelier in der Schule zu räumen. Sie war unterschrieben von Emil Maetzel, Architekt und Oberbaurat, Maler und Karikaturist, mit dem Adler viele Jahre, besonders bei der Gestaltung der Hamburger Künstlerfeste, zusammengearbeitet hatte. An ihn richtete er im Juni und im Oktober 1933 Schreiben, deren Beantwortung Maetzel jedoch der Landesunterrichtsbehörde überließ. Maetzel hatte sich rechtzeitig politisch angepaßt, was jedoch letztlich nichts nutzte, denn auch für ihn kam ebenfalls bald das „Aus" in seinem Amt.

Im ganzen Reich hatte die verhängnisvolle sog. Machtergreifung am 30. Januar 1933 für viele Menschen verheerende Folgen. Allen dem Regime unliebsamen Bürgern drohten einschneidende Veränderungen ihrer Lebensumstände. Die Juden aber traf es am schlimmsten. Die Reichskulturkammer als Dachorganisation des Berufsstandes der Kunstschaffenden, die im September 1933 eingerichtet wurde, und der gleichzeitig gegründete Reichskulturbund, dem keine Juden angehören konnten, beraubten diese der Möglichkeit öffentlicher Präsentation ihres Kunstschaffens. Es waren praktisch alle Künstler betroffen, gleichgültig ob es sich um Maler oder Kunsthandwerker, um Theater- oder Filmschauspieler oder Musiker handelte. Der proportionale Anteil jüdischer Künstler war in den Zwanziger Jahren entgegen späteren Angaben zu den nichtjüdischen sowohl quantitativ wie qualitativ gleichrangig. Hier wie dort waren herausragende Talente selten. Sicher ist, dass Tausende auf der Straße standen. Durch das „Gesetz zur Wiederherstellung des Berufsbeamtentums" verloren Juden ihre staatliche Anstellung. Dies war der Beginn des sozialen Abstiegs, der letztlich in der Katastrophe endete.

Für seine Person sah Adler keine Gefahr, stand er doch in Hamburg in hohem Ansehen. Außerdem glaubte er

L 19  Frieda Erika und Friedrich Adler beim Künstlerfest in Hamburg 1921.

sich geschützt, weil er im Weltkrieg Offizier-Stellvertreter und dekorierter Frontkämpfer war. Für seine Kinder aus erster Ehe sah er allerdings keine Zukunftschancen in Deutschland und förderte ihre Emigration. Der älteste Sohn Hermann, geb. 1908, war bereits 1928 in die USA ausgewandert und arbeitete in den Universal-Filmstudios, deren Gründer und Präsident der in Laupheim geborene Carl Laemmle war. Adlers Frau Frieda Erika emigrierte 1934 mit der Tochter Amaranth, geb. 1925, erst nach Palästina, dann nach Zypern. Max Wolfgang, geb. 1910, ging 1936 in die USA. Die jüngste Tochter aus erster Ehe, Rina, geb. 1918, kam 1935 nach Dänemark zur „Hachschara"-Ausbildung für das Leben im Kibbuz in Palästina, wohin sie danach emigrierte. Ingeborg, geb. 1912, ging 1937 erst nach Paris, danach in die USA. Nur Paul Wilhelm, der 1915 geborene Sohn, blieb zunächst beim Vater, bevor er nach Berlin übersiedelte.

Die Abwesenheit seiner Familie und deren unsichere Zukunft beschäftigte Adler sehr. Mit seiner eher bescheidenen und permanent reduzierten Pension versuchte er, Frau und Kinder zu unterstützen. So lange Briefverbindungen möglich waren, schrieb er ihnen regelmäßig. Noch hatte Adler Abnehmer für seine Entwürfe, vor allem für seine Stoffdrucke, doch deren Zahl sank ständig. Gründe dafür waren, daß es immer weniger jüdische Unternehmer gab, da sie unter dem Druck der Verhältnisse ihre Betriebe verkauften und emigrierten, zum anderen distanzierten sich nichtjüdische Kunden mehr und mehr; außerdem spielte die Verarmung der jüdischen Menschen entscheidend mit.

Jüdische Studenten wurden von deutschen Hochschulen, so auch von der Landeskunstgewerbeschule Hamburg, ausgeschlossen; Ende 1934 waren auch die letzten von den Hochschulen verjagt. Adlers liberale Lebensauffassung hatte die Entfremdung vom gläubigen Judentum zur Folge gehabt, doch die zunehmende Isolierung durch das nationalsozialistische System brachte ihn dem jüdischen Glauben und der Tradition wieder näher. 1936 trat er der jüdischen Gemeinde Hamburg bei und beteiligte sich fortan aktiv am Gemeindeleben.

Aus überlieferten Gesprächen, die Adler mit seinen Kindern führte, ist bekannt, dass Walter Gropius Adler 1933 drängte, gemeinsam mit ihm in die USA auszuwandern. Sie kannten sich durch ihre Mitgliedschaft im Deutschen Werkbund. Adler lehnte ab. 1936 reiste er nach Zypern, wohin seine Frau mit der jüngsten Tochter emigriert war. Dort sah er jedoch keine Betätigungsmöglichkeit für sich. Anders in Palästina, wohin er anschließend reiste. In einem Brief an seinen Sohn Max Wolfgang vom 3. Mai 1936 äußerte er sich aus Tel Aviv recht positiv und meinte, er müsse wohl mit seiner Tochter Rina, die in einer Auswanderer-Schulung die Sprache gelernt hatte, „hebräisch büffeln". Er schrieb u. a.: „Die Menschen, die ich hier sah, sind alle der Meinung, daß ich wichtig bin für die kulturelle Erziehung."[10]

Er stand auch schon in Verbindung mit einem Färberei- und Textildruckereibetrieb in Ramat Gan, der an Adlers Hand-Batikdruckverfahren interessiert war. Besonders Hermann Struck, der bekannte deutsch-israelische Maler und Graphiker, der in Berlin Lehrer der graphischen Künste gewesen war, wollte ihn ins Land holen. Struck war ein überzeugter Zionist, der bereits 1922 nach Palästina ausgewandert war. Er war es auch, der Adler schon 1933 drängte, es ihm gleich zu tun, um sich als Kunsterzieher in Jerusalem niederzulassen. Beide Künstler standen seit 1919 miteinander in Verbindung.

In völliger Verkennung der schändlichen Judenpolitik der Nazis kehrte Adler nach Deutschland zurück. Wohl weil er meinte, die hebräische Sprache nicht mehr erlernen zu können, aber auch weil er für seine Person nichts befürchtete.

Die demütigende Vertreibung aus dem Schuldienst, praktisch von einem Tag auf den anderen, hatte Adler tief getroffen. Doch in der Öffentlichkeit ließ er nichts davon merken. Nie zeigte er sich deprimiert, eher verbreitete er Optimismus und sprach anderen Mut zu, auch seinen Kindern. Am 10. Januar 1938 schrieb er an seine Tochter Rina, Kosename Wedde: „*Ja, mein Deern, Einsamkeit hat schon ihre Vorzüge, und alle großen Dinge wurden in der Einsamkeit vollbracht, und wie einsam muß Gott gewesen sein, als er die Welt erschuf, und wie einsam war Michelangelo und Beethoven!! Aber in Deinem Alter, und Du bist doch noch ein kleines Mädchen, ist es schon recht schwer, einsam zu sein. – Schwerer noch ist es unter Menschen zu sein und in ihrer Gesellschaft einsam. Ich habe dies oft im Feld erlebt, mich aber doch bald bis zu einem gewissen Grad angeschlossen, und wenn Du im Kibbuz erst lernst, Dich anzuschließen und trotzdem Dein eigenes Innenleben zu führen, wirst Du der Gefahr entrinnen, Dich an die anderen zu verlieren, und vielleicht wird dann was aus Dir und so erst recht „ein Segen" für die anderen, aber laß es sie nie merken in Theorien, sondern in Taten!*"[11]

Adler, der ursprünglich mit seiner Familie in einer großzügigen, erlesen eingerichteten Wohnung gelebt hatte, mußte nun oftmals umziehen in immer noch bescheidenere Verhältnisse, wo ihm durch die räumliche Enge ein künstlerisches Schaffen fast unmöglich wurde. Nach dem Novemberpogrom 1938, als die jüdischen Gotteshäuser brannten, nahmen die Schikanen gegen jüdische Menschen noch zu, oft ausgelöst durch Denunziationen der Nachbarn.
Über Adlers Leben nach der erzwungenen Auflösung des Jüdischen Kulturbundes 1941 hat sich nur Mündliches überliefert. Daraus geht hervor, daß er sich danach trotz sehr bescheidener Mittel und beengter Wohnverhältnisse noch immer künstlerisch beschäftigt hatte. Wenn er, was selten war, mit Material zum Stoffdruck versorgt war, widmete er sich Textilarbeiten, sonst begnügte er sich mit Zeichnen von Entwürfen zu vielen Gebieten, vorwiegend Textilien, und auch mit eigenständigen graphischen Arbeiten, die sich nicht mehr nachweisen lassen.

---

10. Dieser Brief befindet sich im Besitz von Adlers Tochter Ingeborg in New York.

11. Der Brief befindet sich im Besitz von Adlers Tochter Rina Lior in Naot Mordechai, Israel.

Die stark dezimierte sefardische Gemeinde Hamburgs war 1935 auf nur noch 150 Mitglieder geschrumpft und mußte deshalb ihre Synagoge in der Markusstraße aufgeben. In einer angemieteten Villa, Innocentiastraße 37, richtete sie mit Bauteilen der Synagoge einen Betraum ein. Dieses Gebäude wurde 1941/42 eine Zwangsunterkunft für Juden. Dort wurde am 1. April 1942 auch Friedrich Adler eingewiesen, und er wohnte dort bis zu seiner Deportation.
In den eng belegten Räumen waren ihm alle Möglichkeiten künstlerischen Schaffens genommen. Er übernahm die Aufgabe des Hausmeisters, um nicht untätig sein zu müssen.

L 20   Letzte Bleibe als Zwangsunterkunft für Friedrich Adler, Hamburg, Innocentiastraße 37. Aufnahme 2001.

Daß Friedrich Adler noch immer Hoffnung hatte, belegt die Aussage seines Bruders Edmund in einem Brief vom 20. Juli 1942 an seinen nichtjüdischen Schwager Carl Bühler, dem Göppinger Textilfabrikanten, in dem er sich für Geburtstagswünsche bedankt. Hier berichtete er auch von deportierten jüdischen Nachbarn und von der Nachricht aus Hamburg, daß sein Bruder Friedrich kurz vor der Deportation stehe: „…, der als Ziel Warschau erwähnte und mit Abschiedsseufzern das Gleiche gemeldet hat. Ihn traf es plötzlich. Wer weiß, was uns hier vielleicht schon in absehbarer Zeit bevorsteht. Mir ist nur um der Töchter wegen, sonst wäre dieses Dasein wahrlich nicht mehr lebenswert …"
Edmund Adler war noch für kurze Zeit Vorstand der vor dem Ende stehenden Laupheimer Jüdischen Gemeinde. Am 19. August 1942 wurde er zusammen mit seinem älteren Bruder Eugen nach Theresienstadt deportiert. Eugen starb einen Monat danach an Entkräftung. Edmund wurde in Auschwitz ermordet.

Mehr als 50 Briefe und Postkarten, die Friedrich Adler zwischen Juli 1937 und November 1941 an seine Tochter Ingeborg, die erst nach Holland, danach nach Paris und New York emigrierte, sowie an seinen Sohn Hermann schrieb, der schon 1928 in die USA ausgewandert war, haben sich erhalten. Viele dieser Briefe tragen Sichtvermerke der Zensur. Diese war gang und gäbe, besonders bei Auslandspost. Allgemein bekannt, veranlaßte dies Briefschreiber zu entsprechender Vorsicht. Bestimmte Mitteilungen konnten nicht nur die Vernichtung der Post, sondern auch schlimme persönliche Konsequenzen bedeuten, ganz besonders für Juden. Deshalb klingt manches in den Briefen harmlos, was anders gemeint war.

In den anfänglichen Briefen berichtet Adler auch noch von seinen künstlerischen Arbeiten, die er gerade fertigte und teilweise anhand von Skizzen erläuterte. Auch hoffte er auf eine positive Wende in Deutschland, falls nicht, auf seine Emigration in die USA. Die Pogromnacht am 9. November 1938 mit den Bränden der jüdischen Gotteshäuser bedeutete für Adler eine Zäsur, die ihn umdenken und seine Hoffnungen sinken ließ. Neben seinen Sorgen um das Wohlergehen seiner Kinder nahmen die um seine Emigration, deren Aussichten geringer wurden, ständig zu.

Hatten Adlers Briefe im April 1941 noch vorwiegend seine Emigration zum Thema, waren diese im Oktober/November mehr von der Sorge geprägt, deportiert zu werden. Nachstehende Auszüge stammen aus Briefen von Friedrich Adler, die aus dem Besitz seiner Tochter Ingeborg in New York, und jetzt in Laupheim befinden.

„Hamburg, Hansastr. 57; 7.4.4
… Hier schwinden meine Bekannten immer mehr. Kornitzers gehen in absehbarer Zeit zunächst nach Cuba, damit verschwindet ein Musikmittelpunkt und ein gesellschaftlicher erst recht …"
Es folgen die Aufzählungen der Emigrationswege, die immer stärker eingeschränkt wurden.
„… wie ich hörte, kann man höchstens 50 kg Gepäck mitnehmen. Von Mobilar nichts, also werde ich mich auf das was ich auf dem Leib habe und die Batiken und einiges Malzeug und Zeichnungen beschränken müssen. Das Meißner Service müßte ich versteigern lassen. Das Geld könnte ich gut gebrauchen, denn bis es mit uns wieder so steht, dass wir Gesellschaften geben, kanns lange dauern. Meine Vi-

*trinensachen und Sonstiges woran man hängt, hoffe ich, bei Bekannten unterstellen zu können bis die Zeiten sich geändert haben und man wieder Güter in die USA schicken kann ..."*

Oktober 1941
Die ersten Deportationen aus Hamburg haben bereits stattgefunden. Adler drücken Geldsorgen wegen Kosten der Emigration.

*„Hamburg, Hansastr. 57; 24.X.41*
*Liebe Inge, diesmal ist der Kelch noch einmal an mir vorbeigegangen. Von meinem Notruf an S. S. Steiner seid Ihr hoffentlich unterrichtet. Wenn nicht, setze Dich sofort mit Julius St. in Verbindung, wenn Ihr nicht wollt, daß ich irgendwann vor die Hunde gehe ..."*

November 1941
Nachbarn und Freunde wurden deportiert.

*„Hamburg, Hansastr. 57; 11. Nov. 41*
*Liebe Inge, lieber Hermann,*
*ich danke für Euer Telegramm und warte auf Weiteres, obwohl im Augenblick sehr schwierig, hoffe ich doch, daß es mich vom Schlimmsten bewahrt. Ich bin alleine in der Wohnung. Zachlinskis und Orneiters sind wie so viele weggebracht. Auch mir wäre es nicht besser gegangen, wenn nicht K. (Kühn, ein Polizeibeamter), den Du ja von Deiner Auswanderung nach Holland kennst, gewesen wäre ... Wenn es mich trotz allem „erwischt", dann wundert Euch nicht, wenn Ihr sehr lange nicht von mir hört. Ich glaube nicht, daß man von dort Luftpostbriefe schreiben kann ...*
*Ich bereite mich vor so gut es geht. Hab mir Schlafsack von Steppdecke genäht mit Bettlakenfutter und hab 3 wollene Pullis, Skimütze, warme Handschuhe u. Strümpfe und Unterwäsche (Wolle). Aber fragt nicht, was alles hier bleibt ...*

*Wem ich das Steiner-Visum zu verdanken habe, dem übermittelt meinen herzlichen Dank, auch wenn es zu spät ist ...*
*Und nun hoffe ich auf Euch und die Steinerschen Dollars, da ich sonst unerbittlich gen Osten fahren muß ..."*

November 1941
Adlers letzter Brief, der in New York ankam. Mit der Kriegserklärung Deutschlands und Italiens an die Vereinigten Staaten von Amerika am 11. Dez. 1941 war der direkte Postverkehr beendet.

*„Hamburg, Hansastr. 57; 16.11.41*
*Liebe Inge, Hermann und Julius,*
*ich danke für zweites Telegramm, welches ich noch nicht beantworten konnte (im Augenblick nicht möglich). Auch eine Ausreise ist nicht möglich. Die Gelder für die Ausreise kann ich nicht aufbringen bei 265 M Pension.*
*Im Dezember soll Ausreise wieder möglich sein...*
*Dir lieber Julius vielen Dank für Deine Hilfsbereitschaft. Sie ist größer und tiefer als mit diesen Worten zu sagen ..."*

Steiners[12] Hilfe, die wohl zu spät ankam, konnte Friedrich Adlers Leben nicht mehr retten. Nicht nach Warschau, sondern nach Auschwitz ging der Transport am 11. Juli 1942 vom Hamburger Güterbahnhof. Es waren nur ältere Menschen und Kinder, die ohne Selektion direkt in die Gaskammern geführt wurden. Friedrich Adler war unter ihnen. Sein Todesdatum ist nicht bekannt.

---

12. Julius und Sam Steiner, Mitglieder der Familie S. H. Steiner - Hopfen, waren direkte Nachbarn der Adlers in Laupheim gewesen, lebten aber seit langem schon in New York.

# Der Jüdische Kulturbund Hamburg 1934–1941 (JK)

In Folge des Ausschlusses der Juden aus dem Kulturleben wurden von Berlin ausgehend zunächst in Großstädten Jüdische Kulturbünde gegründet, denen bald darauf in vielen Orten mit jüdischen Gemeinden ähnliche Initiativen folgten so auch in Laupheim. Die Gründe, die dazu führten, waren einerseits das Bemühen, den in Deutschland verbliebenen jüdischen Künstlern eine neue Heimat zu geben, sie vor Not und Verelendung zu schützen und den zur Untätigkeit Gezwungenen Beschäftigung, wenn auch mit geringem Einkommen, zu gewährleisten. Andererseits sollte jüdischen Menschen, denen der Besuch jeglicher öffentlicher Kulturveranstaltungen verboten war, wieder hierzu Gelegenheit gegeben werden. Dies ist auch in den wenigen Jahren, in denen der Jüdische Kulturbund bestehen durfte, sehr gut gelungen, vor allem, wenn man bedenkt, daß die Emigration von Künstlern die Organisatoren bei der Aufrechterhaltung des kulturellen Angebots vor kaum lösbare Aufgaben stellte. An der Gründung des Kulturbundes hatten die nationalsozialistischen Behörden ebenfalls größtes Interesse, trug sie doch zur Isolierung der deutschen Juden bei und erleichterte die Überwachung jeglicher kultureller Vorhaben. Gleichgültig, welche Veranstaltungen geplant waren, sie bedurften der Genehmigung der Aufsichtsbehörde.

Friedrich Adler gehörte zu den Gründern des Jüdischen Kulturbundes Hamburg bei der Versammlung am 12. Januar 1934, und er blieb als Dozent und Gestalter von Ausstellungen bildender und angewandter Kunst Mitglied bis zur gewaltsamen Auflösung des Kulturbundes am 11. September 1941. Exponate aus seinem Kunstschaffen wie Entwürfe, Zeichnungen und Stoffdrucke, die teilweise zum Kauf angeboten waren, steuerte er zu den Ausstellungen bei. Der ursprünglich von ihm erteilte private Kunstunterricht wurde nun im Rahmen des Hamburger Kulturbundes weitergeführt. Auch in einem kleineren privaten Kreis im Hause des emigrierten Bankiers Fritz Warburg, das die Freunde „Oase" nannten, gab es gesellige Nachmittage. Dort war Adler Gast und Mitwirkender.

Schon in den zwanziger Jahren hatte sich Adler auch als Autor kunsthistorischer Beiträge hervorgetan und solche auch in den Jahren 1937/38 in den „Monatsblättern" des Jüdischen Kulturbundes Hamburg veröffentlicht. Maike Bruhns schreibt: *„Bereits im November 1933 hielt er Vorlesungen über „Das Rhythmische in der Natur und im Menschenwerk"; ergänzt durch ein zeichnerisches Praktikum. Im Wintersemester 1934/35 veranstaltete er innerhalb der Franz-Rosenzweig-Gedächtnis-Stiftung zwei Vorträge mit Führungen im Völkerkundemuseum und Zeichnen aus der Vorstellung. Ein weiterer Vortrag, den Friedrich Adler im Mai 1935 hielt, hatte das Thema „Die Umformung des jüdischen Menschen durch das Erlebnis der Form". 1935/36 bot er im Wintersemester den „Versuch einer Geschmacksbildung auf theoretischer und zeichnerisch-analytischer Grundlage (Architektur, Mobiliar, Mode) an, wieder mit Führungen. Im Jahr darauf beschäftigte er sich mit dem Thema zeichnerisch-analytische Betrachtung – das Naturschöne, das technisch Schöne, das Kunstwerk. Die Kurse waren offene Veranstaltungen. Im Wintersemester 1937/38 las er in einer Vortragsreihe über „Hand und Maschine als stilbildende Elemente im kunsthandwerklichen Schaffen (eine vergleichende Betrachtung alter und neuer Handwerkskunst)". Neben den stets gut besuchten Vorlesungen erteilte Adler Privatunterricht an jüdischen Schulen und in seiner Privatwohnung."*[1]

Neben dem reichhaltigen Angebot an kulturellen Veranstaltungen, zu denen auch Filmvorführungen gehörten, wurden auch Ausstellungen geboten, z.B.: „Hamburger jüdische Kunsthandwerker" (17. März – 14. April

JK 1  Fotomontage „Trio auf Elektrola", aus dem Album Oase, v. li.: Elisabeth Hertz, Friedrich Adler, Hertha Plaut, Hamburg 1941.

---

1. Maike Bruhns: Friedrich Adlers Leben nach 1933, in: Friedrich Adler – Zwischen Jugendstil und Art Déco. Ausstellungskatalog, Stuttgart 1994, S. 82-93. S. a. ein „Hand und Maschine als stilbildende Elemente im Kunsthandwerk", Vortragsmanuskript, undatiert, Archiv Ernst Schäll.

1935). Von Adler waren ausgestellt: ein Gebetsteppich, Batiken, Tischbestecke. Neben Friedrich Adler sind siebenundzwanzig Künstler genannt, darunter auch sein Sohn Paul Wilhelm mit Keramiken. Seine Beteiligung an zwei weiteren Ausstellungen im Rahmen des Hamburger Kulturbundes sind nachgewiesen.[2] Paul Wilhelm Adlers Ausbildung zum Keramiker erfolgte in der Landeskunstschule Hamburg, in der Keramikmanufaktur Bunzlau/Niederschlesien sowie an der Königlich-Preußischen Porzellanmanufaktur in Berlin. 1937 schloß er sich in Berlin dem Kulturbundorchester als Oboist an. Er wurde 1941 nach Theresienstadt deportiert. Dort gehörte er dem Lagerorchester an. Er wurde 1943 in Auschwitz ermordet.

Im Dezember 1935 richtete Friedrich Adler die „Chanukka-Messe des jüdischen Kunsthandwerks" ein. Diese Verkaufsausstellung wurde von fünfzehn Hamburger jüdischen Künstlern beschickt, darunter auch von der Arbeitsgemeinschaft Adler mit Spielzeugen. Im Dezember 1936 gab es wiederum eine Chanukka-Messe, bei deren Gestaltung Adler mitwirkte. Veranstalter war neben dem Jüdischen Kulturbund auch der Verein selbstständiger jüdischer Handwerker. Insgesamt waren 41 Künstler vertreten. Eine Einzelausstellung mit eigenen Arbeiten vom April 1938 war Adler zum 60. Geburtstag gewidmet. Ausgestellt waren Studien, Zeichnungen, Entwürfe, Dekorationen, Fotos, Keramiken, ausgeführt von Gerstenkorn, Meinersdorf und Paul Wilhelm Adler, Gewebe sowie Dokumente zur Erziehungsarbeit.

Auch wenn bildende und angewandte Kunst im Jüdischen Kulturbund keine dominierende Bedeutung hatten – diese lag in den Theater- und Konzertveranstaltungen –, waren Adlers Kunst- und Kulturlesungen sehr gut besucht. Seine ausgeprägten pädagogischen Fähigkeiten waren allgemein bekannt und hochgeschätzt. Die Unterrichtstätigkeit für ehemalige Kunststudenten hatte einen guten Ruf über Hamburg hinaus, und er unterrichtete Schüler aus Berlin und anderen Städten, sogar aus dem Ausland. Der Unterricht wurde im Rahmen des Hamburger Jüdischen Kulturbundes angeboten. Durch diese Arbeit waren seine bedrückenden Lebensverhältnisse erträglicher. Von den reichen Arbeiten Adlers aus der Zeit des Kulturbundes, darunter bedeutende Batikdrucke, haben sich Stücke in seiner Familie, in Privatbesitz und in öffentlichen Sammlungen erhalten.

---

2. Maike Bruhns: Kunst in der Krise, Bd. 1, Hamburg 2001, S. 313ff.

# Epilog (E)

E 2    Laupheim, Friedrich-Adler-Straße.

Als nach Kriegsende 1945 die ganze Wahrheit über die millionenfache Ermordung der europäischen Juden bekannt wurde, ergab sich die Gewißheit, daß auch Friedrich Adler zu den Opfern gehörte. Zwölf Jahre der Naziherrschaft hatten ausgereicht, jüdische Künstler nachhaltig, lange über diese unselige Zeit hinaus vergessen zu lassen. Das trifft auch für Friedrich Adler, selbst in seiner Heimatstadt Laupheim, zu. Bescheidene Anfänge zur Wiederentdeckung des Künstlers gingen zunächst von Laupheim, Nürnberg und München aus, doch vorwiegend erst seit 1970. In Laupheim wurde Mitte der 1970er Jahre mit Erwerb von Adler-Arbeiten für das städtische Museum begonnen. Über die Erwerbungen wurde jeweils in der „Schwäbischen Zeitung" und der „Süd-West-Presse" berichtet. Namhafte deutsche Museen holten Adler-Exponate aus ihren Magazinen und präsentierten diese wieder.

Am 28. April 1978 wurde in einem umfangreichen Bericht der „Schwäbischen Zeitung" an den 100. Geburtstag Adlers erinnert und auf dem Familiengrab eine Bronzegedenktafel installiert. In Nürnberg publizierte Elisabeth Bornfleth, Leiterin des Gewerbemuseums, zu den reichen und teilweise sehr wertvollen Exponaten Adlers in ihrem Hause. Claus Pese, Oberkonservator im Germanischen Nationalmuseum Nürnberg, verfaßte das Buch „Das Nürnberger Kunsthandwerk des Jugendstils" 1980, erweiterte Auflage 1983, in dem er das Wirken Adlers in Nürnberg würdigte und das Werkverzeichnis der nach Adlers Entwürfen in Nürnberg ausgeführten Objekte erstellte.[1]

1980 erschien in „Alte und moderne Kunst"[2] ein mehrseitiger Bericht zu Adler und seinem Werk, und wenig später wurde in München bereits hypothetisch

---
1. Nürnberger Werkstücke zur Stadt- und Landesgeschichte, Schriftenreihe des Stadtarchivs Nürnberg, 1980 u. 1983, Claus Pese, „Das Nürnberger Kunsthandwerk des Jugendstils".
2. Schäll Ernst, Alte und Moderne Kunst, 1980, Heft 168. „Friedrich Adler (1878–1942), ein zu Unrecht vergessener Künstler des deutschen Jugendstils". S. 24–20.

E 3
Laupheim, Geburtshaus von Friedrich Adler – heute Café Hermes, Kapellenstraße 44, Aufn. 2001.

E 4  Laupheim, Friedrich Adler-Zimmer im Café Hermes.

E 5  Laupheim, Gedenktafel am Geburtshaus von Friedrich Adler.

über eine Adler-Ausstellung gesprochen, deren konkrete Vorarbeiten ein Jahrzehnt später durch neunzehn Historiker und Kunsthistoriker verschiedener Fachbereiche begannen.

Von März bis Mai 1984 gab es eine Ausstellung des Kölnischen Kunstvereins im Josef-Haubrich-Hof, die an die „Deutsche Werkbund-Ausstellung Cöln 1914" erinnerte[3]. Seinerzeitige Ausstellungsstücke wurden präsentiert, darunter die Kultgeräte von Friedrich Adler aus der Hill-Page-Collection im Spertus Museum Chicago, welche anschließend im Foyer des Laupheimer Rathauses zusammen mit Adler-Exponaten des Laupheimer Museums ausgestellt wurden.

---

3. „Der westdeutsche Impuls 1900–1914 – Kunst und Umweltgestaltung im Industriegebiet". Deutsche Werkbund-Ausstellung Cöln 1914. S. 83, 248, 250, 262, 294, 300, 301, 305. Köln 1984.
- Deutsche Werkbundausstellung, Cöln 1914, Offizieller Katalog (Faksimile-Ausgabe 1994) S. 107–110.

E 6  Hamburg, Enthüllung der Gedenktafel für Friedrich Adler an der Hochschule für bildende Künste durch Adler-Tochter Amaranth, 1989.
Text der Tafel:
> Hier – in der heutigen Hochschule
> für bildende Künste – lehrte von 1913–1933 *)
> Friedrich Adler, geb. in Laupheim 1878.
>
> 1927 wurde er hier zum Professor ernannt.
> Er war auf vielfältige Weise künstlerisch tätig.
> Als Lehrer war er ungewöhnlich beliebt.
>
> 1933 wurde er von den Nazis zwangspensioniert.
> Er durfte dann nur noch jüdische Schüler unterrichten.
> Am 11.7.1942 wurde er nach Auschwitz deportiert.
>
> „… unser Leben wäre armselig, wenn uns nicht die
> Einbildungskraft, die Phantasie eingeboren wäre"
> (aus einem Aufsatz F. Adlers aus dem Jahr 1937)
>
> *) richtig ist 1907–1933

E 8  Friedrich Adler-Realschule. Schrift an der Gebäudefassade, nach einer Vignette 1903 von Friedrich Adler.

E 9   Medaille mit Adler-Porträt, Silber, 1994. Prägungen nach Motiven der Synagogenfenster Zwölf Stämme Israels, Silber. Rückseite, Motiv Batikdruck „Wasservögel".

E 10  Gedenktafel für die 102 Opfer der Schoah aus der Laupheimer jüdischen Gemeinde. Detail. Friedrich Adler und seine Brüder oben links. Entwurf und Modell Prof. P. Ivo Schaible SDS, Ehrenbürger von Laupheim-Baustetten. Am Eingang zum jüdischen Friedhof.

1988 veranstaltete das Philadelphia Museum of Art die Austellung „Art Nouveau in Munich: Masters of Jugendstil", die danach unter dem Titel „Die Meister des Münchner Jugendstils" im Münchner Stadtmuseum präsentiert wurde, in der ebenfalls Adler-Arbeiten gezeigt wurden.[4]

Über alle die Jahre hinweg wurde in der „Schwäbischen Zeitung", „Süd-West-Presse" und anderen Zeitungen über die Anschaffungen von Exponaten nach Adler-Entwürfen für das Laupheimer Heimatmuseum berichtet. Das Geburtshaus Adlers, welches vom Abriß bedroht war, ließ ein neuer Besitzer vorbildlich restaurieren,[5] und er ließ zusammen mit dem „Verkehrs- und Verschönerungsverein Laupheim" im nun zum Café umgebauten Gebäude einen Friedrich Adler-Raum einrichten.[6] Am Gebäude erinnert eine Bronzetafel an den Erbauer und seinen Sohn Friedrich Adler.[7]

Im nördlichen Neubaugebiet Laupheims wurde einer Straße sein Name gegeben. Am Gebäude der Hochschule für bildende Künste, der früheren Staatlichen Kunstgewerbeschule Hamburg, an der Adler lehrte, wurde 1989 eine Gedenktafel für den einstigen, in Auschwitz ermordeten Lehrer installiert.

Einem breiten Publikum erschloß sich Adlers Kunst mit der Ausstellung „Friedrich Adler – zwischen Jugendstil und Art Déco" mit den Stationen Münchner Stadtmuseum, Germanisches Nationalmuseum Nürnberg, Grassi-Museum Leipzig, Museum für Kunst und Gewerbe, Hamburg, Museum Zons-Burg Friedestrom, Maurice Spertus Museum of Judaica, Chicago, Städtische Galerie „Schranne", Laupheim. Hier verzeichnete die Ausstellung einen noch nie dagewesenen Besucherrekord in der Stadt. In der Folge wurde der Laupheimer Realschule der Name „Friedrich Adler Realschule" gegeben.

Im September 1998 eröffnete in Laupheim das „Museum zur Geschichte von Christen und Juden im Schloss Großlaupheim", das in der Bundesrepublik in dieser Form einmalig ist. Friedrich Adler und der Familie Adler wurde dort ein eigener Raum eingerichtet mit Werken aus verschiedenen Arbeitsgebieten der Zeit zwischen 1900 und 1937.

---

4. Katalog, englisch 1988, deutsch 1989, Prestel München. S. 26–30.

5. Schäll Ernst, Friedrich Adler – Das Geburtshaus des Künstlers in Laupheim ist renoviert. „Schwäbische Heimat", Heft 4, 1991, S. 314–318.

6. „Schwäbische Zeitung", 13.10.1990, „Im Hermes Erinnerungsstätte für Friedrich Adler geschaffen".

7. „Schwäbische Zeitung", 20.2.1990, „Gedenktafel am Café Hermes zur Erinnerung an Künstler Friedrich Adler".

E 11   Adler-Raum im Museum zur Geschichte von Christen und Juden im Schloss Großlaupheim.

# Sakralkunst

# Sakralkunst (J)

J1
Buntglasfenster „Zwölf Stämme Israels" für die Synagoge des Lehrgutes Markenhof in Kirchzarten-Burg. 1919 von Eduard Stritt, Freiburg, gefertigt. Tel Aviv Museum of Art; Laupheim, Museum zur Geschichte von Christen und Juden, Schloss Großlaupheim.

Neben den überlieferten und teilweise auch erhaltenen jüdischen Kultgeräten, die Friedrich Adler entwarf, wandte sich der Künstler auch der Innenarchitektur von jüdischen Sakralbauten zu. Diese wurden jedoch durch Kriegseinflüsse und nationalsozialistische Zerstörung vernichtet.

Über die 1903 erfolgte Modernisierung der Laupheimer Synagoge wird im nachstehenden Kapitel „Glasmalerei-Entwürfe" berichtet. Im Zuge dieser Maßnahme erfolgte auch die Elektrifizierung mit der Installation neuer Beleuchtungskörper. Daß diese von der Biberacher Firma Schlee hergestellten Lichtträger von Adler entworfen wurden, ist naheliegend, denn aus dieser Zeit sind verschiedene Leuchten von ihm überliefert.

1911 wurde Friedrich Adler die gesamte künstlerische Ausschmückung der Aussegnungshalle des neuen Nürnberger jüdischen Friedhofs übertragen. Zu dem Bau gibt es weder Archivalien noch fotografische Aufnahmen. Sowohl diese als auch das Gebäude selbst wurden im Zweiten Weltkrieg durch Fliegerbomben zerstört. Doch ist Adlers Arbeit in mehreren Nachschlagewerken erwähnt.[1]

Über die Werkbundsynagoge von 1914 in Köln sowie seine Arbeiten für den Hamburger Tempel in der Oberstraße, erbaut 1931, wird an anderer Stelle berichtet.

---

1. Max Freudenthal: Die israelitische Kultusgemeinde Nürnberg 1874–1924, Nürnberg 1925, S. 36, u. Jüdisches Lexikon, hg. Georg Herlitz und Bruno Kirschner, Bd. I, 1927, S. 99.

J 2
Buntglasfenster Synagoge Laupheim, Entwurfzeichnung Friedrich Adler, Ausführung Carl Ule, München.

J 3
Buntglasfenster Synagoge Laupheim, Fragmente 1903. Aus dem Brandschutt 1938. Laupheim, Museum zur Geschichte von Christen und Juden, Schloss Großlaupheim.

## Glasmalerei

Obgleich Friedrich Adler durch eine Anzahl jüdischer Kultgeräte, Synagogen-Interieurs und Synagogen-Buntglasfenster umwälzend Neues von hoher künstlerischer Qualität schuf, wäre es verfehlt, in ihm den typisch jüdischen Künstler zu sehen, denn die Mehrzahl seiner Entwürfe sind profanen Gegenständen gewidmet.

## Synagogenfenster – Geschichte und Technik der Glasmalerei

Die Geschichte der Glaskunst geht bis in die Antike zurück und fand ihren Höhepunkt in den Sakralbauten der Gotik. Die sogenannte Mosaikverglasung findet ihren bildnerischen Ausdruck ausschließlich in den Farbgläsern und den Bleiruten, die optisch als Zeichnung wirken und den Zusammenhalt der Gläser gewährleisten. Die Wahl der farbigen Gläser und das durchstrahlende Sonnenlicht vollenden die Umsetzung des Entwurfes.

In der Zeit der Renaissance, die von Italien kommend in Deutschland erst im 15. Jahrhundert Einzug hielt, entwickelte sich die Musivische Glasmalerei, zu deren Motivgestaltung zusätzlich zur Mosaikverglasung eine Schwarzlot-Aufmalung kam. Diese konnte zur Verstärkung des Ausdrucks in Gesichtern und Gewanddrapierungen bei Menschendarstellungen und ornamentalen Verzierungen dienen, zeigte aber auch den beginnenden Niedergang der Glasmalerei an. Mit der Barockkunst des 17. und 18. Jahrhunderts verschwanden auch die Buntglasfenster. Der reiche Kirchenschmuck des Barock und Rokoko, oft mit farbigem Stuck, mit großflächigen Freskenmalereien, reich vergoldeten Statuen und vielfarbigen Marmorierungen, erfordert viel Licht, das durch bunte Fenster gestört wäre. So vergingen zwei Jahrhunderte, in denen die handwerklichen Techniken, doch weit schlimmer, auch die Rezepturen zur Herstellung der farbigen Gläser, verloren gingen. Es dauerte bis in die zweite Hälfte des 19. Jahrhunderts, als mit der eklektischen Architektur, vorwiegend der Neugotik, die Glasmalerei wieder in Mode kam. Doch es war zunächst ein Neuanfang mit falschen Ansätzen. Die mangelhafte Mosaikkunst wurde durch Emailmalerei auf das Glas ersetzt. In England war die Entwicklung weiter fortgeschritten. Um 1830 erfolgte die Gründung der Bruderschaft der Präraffaeliten. Diese Gruppe um William Morris führte später zur „Arts and Crafts Bewegung", deren Mitgliedern ein wesentlicher Anteil an einem künstlerisch und handwerklichen Neuanfang zu verdanken ist. Ausgehend davon entstand 1890 der deutsche Jugendstil, in dem mit neuen Stilelementen an die klassische Glaskunst angeknüpft wurde. Der kurzlebige Jugendstil, dessen Impulse die Kunst und Architektur und viele Bereiche des täglichen Lebens beeinflußte, brachte der Glaskunst einen noch nie zuvor dagewesenen Aufschwung, und dies alles in der kurzen Zeit von nur knapp 20 Jahren.

**Friedrich Adlers Synagogenfenster – Entwürfe**
Bei der Restaurierung und Modernisierung des Laupheimer jüdischen Gotteshauses im Jahre 1903 wirkte Friedrich Adler mit. Gesicherte Entwürfe sind der Toravorhang und zwei identische, ornamentale Jugendstil-Buntglasfenster.

Die Stifter der Fenster waren die Familien Louis und Hedwig Steiner sowie Isidor und Frieda Adler, die Eltern des Künstlers[2]. Adler war zu dieser Zeit Lehrer an den angesehenen „Lehr- und Versuchsateliers für freie und angewandte Kunst" in München. Ausgeführt wurden die Fenster in der Glaskunstwerkstatt Karl Ule[3] in München, die als modern und fortschrittlich galt. Andere namhafte Künstler, wie Peter Behrens, Richard Riemerschmid und Bruno Paul, ließen ebenfalls dort ihre Entwürfe ausführen. Karl Ule, 1858 in Halle geboren, erhielt seine Ausbildung in der Lehranstalt des Kunstgewerbemuseums Berlin. Die Karl Ule Anstalt für Glasmalerei, Verglasung und Glasmosaik bestand von 1886 bis 1905.

Als sich der Niedergang des Jugendstils abzuzeichnen begann, verließen viele Künstler München. Ule wurde Professor an der Kunstgewerbeschule Karlsruhe, Friedrich Adler ging 1907 nach Hamburg und lehrte dort an der Kunstgewerbeschule bis zu seiner Zwangspensionierung 1933. Karl Ule wird zugeschrieben, er habe das wegen seiner außergewöhnlichen Strukturen geschätzte Opaleszent-Glas nach München gebracht. Die zeitgenössische Literatur berichtet u.a.:

*„Die Wirkung dieser Kunst liegt in der ausgesprochenen Teppicherscheinung und der mosaikartigen Aneinanderfügung geeigneter farbiger Gläser unter Zugrundelegung zweckmäßiger Konturführung. In einer teilweisen Beschränkung dieser auf das Notwendigste und in dem richtigen, wohl abgewogenen Wechselverhältnis von formgebender Linie – Blei – und farbiger Erscheinung – Glasplatte – bekundet sich die künstlerische Befähigung zur Lösung der gegebenen Aufgabe. Als einer der führenden Bahnbrecher für diese neue Art von Buntverglasung trat Karl Ule auf, dessen Namen mit der modernen Bewegung unlösbar verbunden ist."*[4]

In Karl Ule fand Friedrich Adler den idealen Partner für die Umsetzung seines Entwurfes der Fenster für die Synagoge seiner Heimatstadt Laupheim. Erich Treitel, Sohn des letzten Laupheimer Rabbiners, Dr. Leopold Treitel, der als Emigrant in Buenos Aires lebte, erzählte vor Jahren dem Verfasser dieser Zeilen, wie er als Bub beim Einbau der Fenster zugeschaut und Friedrich Adler selbst mitgearbeitet habe. 35 Jahre danach, in der Nacht vom 9. auf den 10. November 1938, der Pogromnacht der Nationalsozialisten, als die jüdischen Gotteshäuser in Deutschland brannten, wurden auch Adlers Fenster ein Raub der Flammen. Jahre danach wurden auf dem Dachboden eines einst jüdischen Hauses in der Kapellenstraße Fragmente der Fenster gefunden, die heute im Museum zur Geschichte von Christen und Juden im Schloss Großlaupheim ausgestellt sind. (Abb. J 3)

Ein überliefertes schwaches schwarz-weiß-Foto des Synagogenraumes zeigt die Fenster nur sehr undeutlich. Eine Abbildung der Entwurfzeichnung mit Farbvorgabe, die allerdings nicht farbig wiedergegeben ist, und die paar vorhandenen Glasfragmente können nur wenig von der einstigen Schönheit der Synagogenfenster vermitteln.[5] (s. Abb. J 2 und J 3)

Der Stuttgarter Rabbiner Dr. Rieger schrieb im Nachruf auf seinen Laupheimer Amtskollegen Dr. Leopold Treitel u.a.:

*Ein feierlicher Ernst waltete in dem ehrwürdigen Gotteshause, in dem vor dem Altar die sterbliche Überreste des letzten Laupheimer Rabbiners aufgebahrt waren. Ein frostiger Wintermorgen lugte durch die wundervollen Fenster des Gotteshauses, die Friedrich Adlers Meisterhand geschaffen hat.*[6]

**Die Buntglasfenster „Zwölf Stämme Israels" in der Synagoge der Deutschen Werkbundausstellung 1914 in Köln**
Die Ausstellung des Deutschen Werkbundes am Rheinufer von Köln-Deutz war die großartigste und aufwendigste, die je von dieser Vereinigung veranstaltet wurde. Friedrich Adlers Entwürfe, unter Beteiligung seiner Klasse der Hamburger Kunstgewerbeschule, fand Beachtung und hohes Lob, welches sich in vielen Publikationen niedergeschlagen hat: *„Zu hohen Zielen hob*

---

2. Das linke Buntglasfenster nannte unten die Stifter, doch ist die Inschrift nur in der oberen Zeile lesbar mit den Namen der Familie Steiner. Daß darunter Isidor und Karolina Frieda Adler genannt sind, geht aus einem Vortrag hervor, „Hundert Jahre Synagoge Laupheim", gehalten vom letzten Kantor und Lehrer Heinz Säbel am 30. Mai 1937.
3. – Thieme – Becker, Künstlerlexikon Bd. 3, S. 552.
   – Die Kunst, Bd. 16, 1907, S. 193-199.
   – Jansa, Deutsche bildende Künstler, 1912.
   – Zeitschrift für alte und moderne Glasmalerei, 1914, S. 47.
4. – Miscellanea Bavarica Monacensia Bd. 161, 1992. Eva Kauwander-Heise, „Glasmalerei in München im 19. Jahrhundert".
5. Die Kunst, Bd. 10, 1904, S. 229.
6. Rolf Emmerich, Philo und die Synagoge, Schwäbische Heimat 98/4, S. 447.

J 4   Synagoge,
1914, Werkbundausstellung Köln.

J 5   Synagoge,
1914, Werkbundausstellung Köln, Keramische Vorhalle.

*sich die Raumkunst ganz hinten in der Haupthalle. Drei weite Kirchenräume, zugleich als Rahmen für neuzeitige Erzeugnisse kirchlicher Kunst. Die evangelische Kirche mit Taufraum und Sakristei von Friedrich Pützer in Darmstadt, die katholische von Eduard Endler in Köln, die Synagoge von Frierich Adler in Hamburg. Eine Ausstellung in der Ausstellung. Eine Fülle ernsten Wollens in allen dreien. Aber durch die einheitliche, tief dringende Durchbildung aller Teile bis in alle Winkel des Raumes und jede Linie der Geräte stand die Synagoge weit voran, eine der überraschendsten und anziehendsten Leistungen auf der Ausstellung, im besten Sinne werkbundmäßig nach Gesinnung und Form."* [7] (Abb. J 4 und J 5)

Leider gibt es, was die Überlieferung der Darstellung anbelangt, einen erheblichen Mangel, denn es steht zum gegenwärtigen Zeitpunkt von den sechsteiligen Fenstern nur eine Aufnahme von drei Teilen zur Verfügung, und diese ist nicht farbig. Zwar war die fehlende Aufnahme, die jahrelang vergeblich gesucht wurde, zur Friedrich-Adler-Austellung 1994 im Hamburger Museum für Kunst und Gewerbe aufgetaucht und auch ausgestellt, danach aber wieder auf rätselhafte Weise verschwunden. So bleibt nur, mit dem noch Vorhandenen vorlieb zu nehmen. (Abb. J 6)

J 6   Buntglasfenster „Zwölf Stämme Israels"
(Detail). 1914, Werkbundausstellung Köln.

Der „Laupheimer Verkündiger" vom 20. Juli 1914 befaßte sich ausführlich mit Adlers Beitrag zur Kölner Ausstellung. Zu den Buntglasfenstern ist zu lesen: *„Von hervorragender Schönheit sind die nach Adlers Entwürfen ausgeführten Glasfenster. Sie tragen wesentlich zur Steigerung der Stimmung des in der ganzen Farbgebung wohl abgehobenen Raumes bei."*

Ausgeführt wurden die Fenster von Heinersdorff-Puhl und Wagner, Deutsche Glasmosaik-Gesellschaft Berlin.[8] Gottfried Heinersdorff war einer der bedeutendsten Glaskünstler im damaligen Deutschen Reich. Er war nicht nur mit einem sensiblen Farbgefühl ausgestattet, sondern auch ein hervorragender Kenner der Glasherstellung, der schon in der Glashütte Einfluß auf die Herstellung der Farbgläser nahm, die er zu verarbeiten gedachte. Erst kurz vor Adlers Auftragsvergabe fusionierte er 1912 mit

---

7. Jahrbuch des Deutschen Werkbundes, 1915, S. 21–22.
8. Die Kunst, Bd. 20, 1913, S. 219–227.
   Rennert Eberhard, Jugendstilfenster in Deutschland, Weingarten, 1984.
   S. 73, 150, 153, 162 (Heinersdorf), S. 36, 162 (Puhl und Wagner).

der Firma Puhl und Wagner, ebenfalls Berlin. Dadurch entstand die wohl größte Firma in Deutschland, die sich mit der Buntglasfenster-Herstellung beschäftigte.

Die Kölner Ausstellung stand unter keinem guten Stern. Durch eine Rhein-Überschwemmung verzögerte sich die Eröffnung um Wochen. Als die Eröffnung endlich am 16. Mai stattfand, war der 1. Weltkrieg nicht mehr fern. Am 1. August erklärte Deutschland Rußland den Krieg. Das bedeutete ein abruptes Ende. Die Hallen wurden hastig geräumt und vom Militär belegt. Später, wohl erst nach Kriegsende, wurden die offensichtlich beschädigten Fenster ausgebaut. Ein Antrag von Heinersdorff-Puhl und Wagner auf einen Zuschuß für die Restaurierung wurde mit Schreiben vom 6. Mai 1921 von der Reichsvermögensverwaltung für das besetzte rheinische Gebiet abgelehnt. Es ist naheliegend, daß die Fenster demontiert und die Gläser anderweitig wiederverwendet wurden.

Aus der überlieferten Abbildung ist, wie schon erwähnt, keinerlei Farbigkeit abzuleiten. Dass es sich um die untere Fensterreihe handelte, ist sicher. Dargestellt sind hier die Symbole der Jakobssöhne Benjamin, Ascher, Simeon (Simon), Sebulon, Jehuda (Juda) und Dan in einer floralen, spätjugendstilhaften Ornamentik. Auch die Technik, in der die Verglasung ausgeführt war, kann nicht beurteilt werden. Lob und Bewunderung auch von fachkompetenter Seite läßt erahnen, daß ein schönes Kunstwerk verlorengegangen ist.

**Die Zwölf-Stämme-Fenster im Tel Aviv Museum of Art (Abb. J 1)**

Die Geschichte dieser Buntglasfenster ist auch ein Stück Geschichte der Auswanderungsbewegung junger jüdischer Menschen in das Land ihrer Väter, welches in den zwanziger Jahren Palästina hieß. In Burg, nahe Kirchzarten im Hochschwarzwald, erwarb der Freiburger jüdische Fabrikant Konrad Goldmann im Jahr 1919 das gräfliche Hofgut Markenhof[9], in welchem

---

9. Blau-Weiß-Blätter, Dezember 1920, Heft 3, S. 52-53. „Der Markenhof bei Freiburg".
Tromm Ulrich, Vortrag in der Synagoge Sulzburg, März 1995.
ders. Interview mit Ernst Fränkel, Schüler d. Markenhofs, 1921-1922, Jerusalem 1987.
ders., „Der Markenhof bei Freiburg i. Breisgau als zionistisches Auswanderer-Lehrgut 1919-1925". Geschichtswerkstatt Hamburg 1988. S. 23-32.
Ruben Frankenstein, „Hachschara im Markenhof bei Freiburg". „Spurensuche" - Vortrag anläßlich des Jahrestreffs Allemania Judaica im Museum zur Geschichte von Christen und Juden im Schloss Großlaupheim, März 2000.
Althaus Hermann, „Badische Heimat", Juni 2 / 2000, Freiburg, „Friedrich Adler ein jüdischer Künstler in der Zeit des Jugendstils", S. 254-258. „Der Markenhof in Kirchzarten und seine Synagoge", S. 259-267.

er noch im selben Jahr ein Lehrgut für junge, auswanderungswillige Zionisten einrichtete. Diese hatten das Vertrauen auf eine gute Zukunft in Deutschland verloren. Die Behandlung jüdischer Soldaten während des Ersten Weltkrieges zerstörte ihren Glauben daran. Der Antisemitismus trieb mit dem Aufkommen von Hitlers Nationalsozialisten dem Höhepunkt zu. Konrad Goldmann als leidenschaftlicher Anhänger der nationalen jüdischen Wiedergeburt begnügte sich nicht mit der aktiven Mitgliedschaft in der zionistischen Ortsgruppe Freiburg. Er entschloß sich, die gesamten Gewinnerträge seiner Fabrik für die Förderung eines praktischen zionistischen Aufbauwerks zu verwenden. Zu diesem Zweck versammelte er Ende 1918 einen kleinen Kreis gleichgesinnter Personen und gründete einen Verein mit dem Namen „Jüdischer Landwirtschaftsverein ‚Der Pflug' (Hamachreschah)".

Es waren vorwiegend Studenten und Hochschulabsolventen aus Deutschland, wenige auch aus den baltischen Ländern, aus Rußland und der Tschechoslowakei, die sich in Gruppen von ca. 30 Personen ein bis zwei Jahre in allen Sparten der Landwirtschaft ausbilden ließen. Sie wollten mithelfen, eine neue Heimstätte für Juden in Palästina aufzubauen. 1925 kam Goldmanns Firma „Draht- und Kabelwerk Wego" in finanzielle Schwierigkeiten. Er mußte den Markenhof verkaufen. Das bedeutete auch das Ende des Lehrgutes.

Die Eleven kamen aus gutbürgerlichen, orthodoxen und assimilierten Familien. Das Lehrgut wurde glaubenstreu unter Einhaltung der Speisevorschriften geführt. So war es auch naheliegend, einen Betraum einzurichten. Dieser Synagogenraum für ca. 35 Personen ist mit Wandtäfelung, Kassettendecke und der Nische für den einstigen Toraschrein sowie dem quadratischen Fenster, in dem einst die Zwölf-Stämme-Fenster eingebaut waren, bis heute erhalten. (Abb. J 1) Dieses einmalige Kunstwerk war der Öffentlichkeit bis 1994 weitgehend verborgen. Es ist erstaunlich, daß nach der Entstehung der Fenster damals weder in einer jüdischen Zeitschrift noch in einem Kunstblatt über dieses Werk Adlers berichtet wurde. In den 82 Jahren seit seiner Entstehung diente das religiöse Kunstwerk nur sechs Jahre in der Markenhof-Synagoge der Erbauung junger Zionisten, danach wenige Jahre im Dizengoff-Museum in Tel Aviv als Ausstellungsstück, dann aber vermutlich über Jahrzehnte als Depotgut.

Die späteren Besitzer des Markenhofes erlaubten Konrad Goldmann 1931 den Ausbau der Fenster, um sie nach Palästina bringen zu lassen. Sie kamen nach Tel Aviv zum heute noch populären Bürgermeister der jungen Stadt, Meir Dizengoff, der in seinem Haus am Rothschild Boulevard 16 im April 1932 das Tel Aviv Museum eröffnete. Dieses Gebäude beherbergt heute den Unabhängigkeitspalast. Eine Gedenktafel am Eingang besagt: *„In diesem Gebäude, dem Haus der Zinna und des Meir Dizengoff, versammelten sich die Mitglieder des Nationalrats, die Vertreter der Jischuvs-Siedlungsgemeinden und der Zionistischen Bewegung, am 5. Ijar 5708, dem 14. Mai 1948, und verkündeten die Schaffung eines jüdischen Staates in Erez-Israel mit dem Namen Israel!"*

Vielleicht ist es nicht zu weit hergeholt, wenn man sich die symbolische Bedeutung vor Augen hält: im Angesicht dieser Fenster proklamierte David Ben Gurion 1948 feierlich den Staat Israel und besiegelte somit die Rückkehr der nach der Schoah verbliebenen Stämme Israels in ihr angestammtes Land.

Als der Neubau des Museums am Shaul Hamelech Boulevard in Tel Aviv am 19. April 1971 eröffnet wurde, waren dort alle Exponate des alten Museums untergebracht, doch Adlers Synagogenfenster gehörten nicht zu den Schaustücken. Sie gelangten wegen ihres schlechten Erhaltungszustandes ins Depot. Erst 1994, anläßlich der Friedrich Adler-Ausstellung, konnten sie nach einer gründlichen Restaurierung in München wieder besichtigt werden.

In einem 1999 im Archiv des Museums gefundenen Brief bedankt sich Dizengoff bei Goldmann für die angekündigte Schenkung:
*„Tel Aviv, 24. Nov. 1931*
*Sehr geehrter Herr Goldmann, Ihr Brief vom 3.11.31 hat mich sehr gefreut. Ich danke Ihnen herzlichst für Ihr freundliches Angebot. Natürlich sind wir bereit, die Fenster bei uns würdig aufzustellen. Wir wissen, dass es sich dabei um ein hervorragendes Kunstwerk von bleibendem Wert handelt. Auch Herr Professor Struck ist über Ihre Gabe begeistert. Er hält Friedrich Adler für den bedeutendsten Kunstgewerbler für Synagogenkunst in Deutschland. Unser Kunstkomitee, dem auch Professor Struck angehört, wird nach Eintreffen der Sendung Ihren Wünschen gemäß den passenden Ort für die Fenster finden. Mit mir zusammen wird unser ganzes kunstliebendes Publikum Ihnen sehr zu Dank verpflichtet sein. Indem ich Ihnen nochmals für Ihre Stiftung danke, verbleibe ich mit herzlichen Grüßen Ihr ergebener Meir Dizengoff."*[10]

Daß Goldmanns Bestellung der Fenster auf einen Besuch der Werkbundausstellung 1914 zurückging, ist anzunehmen. Als Firmeninhaber und Ingenieur war ein Besuch geradezu Pflicht, wurden doch auch Technik und Maschinen ausgestellt. Die Wahl der Glaskunstanstalt von Eduard Stritt[11] in Freiburg war naheliegend. Stritt wurde 1870 in Grafenhausen im Oberamt Calw geboren, studierte an den Kunstgewerbeschulen Karlsruhe und München und reiste in die Schweiz, nach Italien und Paris, um alte Glasmalerei zu studieren. Er war ein halbes Jahr in den USA, wohl um die Anwendung des von Louis Comfort Tiffany erfundenen Opaleszentglases zu erlernen. Ob dies in den berühmten Tiffany-Studios in New York geschah, ist nicht überliefert. Stritt erwarb sich einen Ruf als Glasmaler weit über den süddeutschen Raum hinaus. Er schmückte mit seinen Fenstern außer Privatbauten Kirchen und Schlösser. Von Kaiser Wilhelm II. wurde ihm der Titel „Kaiserlicher Hofglasmaler" verliehen.

Die Markenhof-Synagogenfenster waren Adlers dritter und letzter Glasfenster-Entwurf und der einzige, der Kriegszerstörung und Nazi-Brandschatzung überstanden hat. Sie zeigen sich uns heute als strahlendes Bild reiner Mosaikverglasung. Es wäre zu wünschen, die Fenster könnten wieder in einem Gotteshaus eingebaut werden.[12]

Zweimal hat Adler die Jakobssöhne als Bildthema in Synagogenfenster eingebracht; erstmals 1914, 50 Jahre, bevor Marc Chagall seine berühmten „Jerusalemfenster" für die Synagoge des Hadassah-Heilkunde-Zentrums in Jerusalem schuf. Während Chagalls Fenster mehr durch Farbensymbolik geprägt sind, sind Adlers expressiv gegenständlich.

Am Berg Sinai wurde der Bund zwischen Gott und dem Volk Israel geschlossen und das Gesetz, die Tora, übergeben. Sie schildert in Versen Personen, Ereignisse und Sinnbilder. Erst später schrieben Glaubenslehrer dazu Erläuterungen. Die bedeutendsten dieser Bücher sind der Midrasch, das Buch der Belehrung, und die Haggada, die in erzählender Form Tora und Midrasch kommentiert. Da Menschendarstellungen nach jüdischer Glaubensauffassung in Synagogen verpönt sind, waren es von alters her Glaubenssymbole, die die Gotteshäu-

---

10. Der Brief befindet sich mit anderen Briefen unbekannten Inhalts von Dizengoff an Goldmann im Tel Aviv Museum of Art in Tel Aviv.

---

11. Der Burgwart, April 1917. „Verkündiger der Schönheit deutscher Lande – Eduard Stritt", S. 62–79.
    Bodo Ebhardt, „Führer durch die Hochkönigsburg", 1908.
12. Schäll Ernst, Christen und Juden in Laupheim, Jahresheft 2000 der Gesellschaft für Geschichte und Gedenken: „Glasmalerei – Entwürfe von Friedrich Adler und die ausführenden Glaskunstanstalten". S. 20–27.

ser zierten. Zu den frühen Symbolen, deren Ursprünge in der Tora liegen, gehören die zwölf Stämme Israels, die die Namen der Söhne Jakobs tragen. Aus Bibelversen gehen aber nur für sieben der Stämme Israels ganz eindeutige Symbole hervor. Diese sind in ihren Darstellungen seit alters her auch immer dieselben geblieben. Anders bei den fünf restlichen Stämmen, die sich durch Bibelaussagen verschieden versinnbildlichen lassen und deren Symbolik nicht eindeutig festgelegt ist. Die bildende Kunst hat sich für diese Stämme in der Vergangenheit auch verschiedener Symbole bedient. (Abb. J 1)

## Die Symbole in Friedrich Adlers Synagogenfenstern

**Jehuda (Juda)**: „Du, dir huldigen deine Brüder! Hast deine Hand in der Feinde Nacken; dir beugen sich die Söhne deines Vaters; du junger Leu Jehuda" (1. Mose 49,8). Adler stellt einen stolz schreitenden Löwen im grünen Talgrund vor einem hohen Gebirge dar.

**Reuben (Ruben)**: „Du, mein Erstling, mir Kraft und meiner Stärke Erster" (1. Mose 49,3). Die Bibel verzichtet auf ein Symbol. Bei Adler ist es ein Baum, „Baum für den Reichtum des Erstgeborenen".

**Schim'on (Simeon)**: „Die Brüder Simon und Levi, ihre Schwerter sind mörderische Waffen" (1. Moses 49,5). „Meine Seele komme nicht in ihren Rat und meine Ehre sei nicht in ihrer Versammlung; denn in ihrem Zorn haben sie den Mann erwürgt, und in ihrem Mutwillen haben sie den Ochsen verlähmt" (1. Moses 49,6). „Verflucht sei ihr Zorn, daß er so heftig ist, und ihr Grimm, daß er so störrig ist. Ich will sie zerteilen in Jakob und zerstreuen in Israel." Dargestellt ist ein Schwert (für Simon) mit feurigem Strahlenbündel.

**Sebulu (Sebulon)**: „Sebulon, an der See Gestade siedelt, er am Gestade bei den Schiffen, und seine Seite an Sidon gelehnt" (1. Mose 49,13). Adler stellt dies mit einem Dreimast-Segelschiff auf unruhiger See dar.

**Issachar**: „Ein Esel, fressend, gelagert bei der Anrichte, er sah die Ruh, so gut, und wie das Land so lieblich" (1. Mose 49, 14 und 15). Bei Adler ist es ein bepackter Esel mit gesenktem Kopf vor einer Gebirgslandschaft.

**Ascher**: „Fett ist seine Speise, er liefert Königs Leckerbissen" (1. Mose 49, 20). Adler versinnbildlicht dies mittels einer Weinrebe mit reifen Trauben.

**Benjamin**: „... ist ein Wolf der reißt; am Morgen zehrt er Raub, am Abend teilt er Beute" (1. Mose 49, 27). Adler schuf als Sinnbild einen schreitenden, lechzenden Wolf.

**Dan**: „Dingt recht sein Volk, wie einer aus Israels Stämmen. Ja, Dan wird eine Schlange auf dem Weg und eine Otter auf dem Pfad" (1. Mose 49, 16). Dargestellt ist eine zusammengerollte Schlange, die ihren Kopf hoch emporhebt.

**Levi**: (1. Mose 49, 5 und 6) Levi gilt als der Wächter des Allerheiligsten, mit der Bundeslade, in der die beiden Bundestafeln verwahrt wurden. Adler stellt die Bundeslade mit einer Diamanten- und Edelsteinsäule dar. Da die Brüder Simon und Levi gemeinsam in der Bibel genannt werden, reichen die vom Levi-Symbol ausgehenden feurigen Strahlen bis zum Simon-Symbol.

**Gad**: „Und zu Gad sprach er: Gelobt sei der, der Gad Raum macht! Er liegt wie ein Löwe und raubt den Arm und den Scheitel" (5. Mose 33, 20). Der als kampferprobt geschilderte Stamm wird von Adler als liegende Löwin dargestellt.

**Nafthali**: „... ist ein schneller Hirsch und gibt schöne Reden" (1. Mose 49, 21). Adler verwendet eine springende Hirschkuh vor einem Gebirge.

**Joseph**: „Mich deuchte, wir banden Garben auf dem Felde und meine Garbe richtete sich auf und stand, und eure Garben umher neigten sich vor meiner Garbe" (1. Mose 37,7). Josef, der vom Vater ohnehin Bevorzugte, steigerte durch die Erzählung seines Traumes die Mißgunst seiner Brüder, die ihn dann in eine Grube warfen.

Ein letztes Mal sah Friedrich Adler zusammen mit seiner Tochter Ingeborg 1936 die Fenster in Tel Aviv. Frühzeitig hatte Goldmann die herannahende Katastrophe durch den Nationalsozialismus erkannt. Schon Ende 1932 war er in die Schweiz ausgewandert und zog später nach Frankreich. Aus einem Dorf im Elsaß kam noch eine letzte Nachricht von ihm, wonach er einsam und verlassen sein ganzes Vermögen verloren habe; seine Frau und sein Sohn waren schon vorher gestorben. Zuletzt schrieb er an seine Markenhof-Eleven: *„In meinem Alter kann ich nur noch durch Anstrengung aller meiner Kräfte mein Brot verdienen."* 1940 mit der deutschen Besetzung Frankreichs wurde er von den Nazis verhaftet und im KZ Drancy, nördlich von Paris, inhaftiert. Sein Name findet sich auf den Listen derjenigen Juden, welche in den Internierungslagern in Frankreich umgekommen sind, bevor sie in die Vernichtungslager nach Polen deportiert wurden. Als sein Todesdatum ist der 15. Juli 1942 genannt.

Die letzten von Adler entworfenen Buntglasfenster waren für den Gabriel Rieser-Gemeinschaftsraum neben dem 1931 erbauten Tempel in der Oberstraße in Hamburg-Havesterhude. Das geht aus zuverlässigen Überlieferungen hervor. Belege dafür gibt es nicht.

In einer Sonderausstellung sollen Friedrich Adlers Zwölf-Stämme-Fenster im Tel Aviv Museum of Art präsentiert werden. Zur Adler-Ausstellung wurden sie 1994 von der Münchner Hofglasmalerei Gustav van Treeck restauriert und danach in allen Ausstellungsorten Deutschlands gezeigt. Im Museum zur Geschichte von Christen und Juden im Schloss Großlaupheim befindet sich eine Zweitfertigung dieser Fenster.

### Kultgeräte für Synagogen und das jüdische Haus

Am 23. Februar 1995 besuchte Ignaz Bubis, Vorsitzender des Zentralrats der Juden in Deutschland, in der städtischen Galerie Schranne in Laupheim die Ausstellung „Friedrich Adler – zwischen Jugendstil und Art Déco". Ins Goldene Buch der Stadt schrieb er u. a.: *„Es ist eine beachtenswerte Ausstellung, wobei, was sehr selten ist, jüdische Kultgeräte in moderner Form präsentiert sind…"*

E 7  Laupheim, Ausstellung „Friedrich Adler – zwischen Jugendstil und Art Déco".
v. re. Ignaz Bubis, Direktionsvorsitzender des Zentralrats der Juden in Deutschland, Otmar Schick, Bürgermeister Laupheim, Ernst Schäll. 1995.

Tatsächlich nehmen die sakralen jüdischen Kultgeräte im reichen Werk der Metallentwürfe von Friedrich Adler eine Sonderstellung ein. Sie scheinen mit besonderer Liebe, Sorgfalt und Gestaltungskraft entstanden zu sein. Vor ihm waren es Gold- und Silberschmiedemeister, die zur Herstellung der Erzeugnisse auch die Entwürfe lieferten. Meist gehörten sie der christlichen Religion an und waren in christliche Zünfte eingebunden. So ist Adler einer der Ersten, vielleicht der Erste, der sich als Künstler dem Entwurf jüdischer Kultgeräte widmete.

Die Tora, die fünf Bücher Moses, hat in der Synagoge von Alters her den höchsten Stellenwert. Der Text, auf Pergament in zweiundfünfzig Wochenabschnitten von Hand geschrieben, ist um zwei Rollen, die auf Spindeln ruhen, gewunden. Ursprünglich nur mit einem Textilmantel gegen Verschmutzung geschützt, war sie außerhalb des Gottesdienstes im Toraschrein, der Heiligen Lade, verwahrt. Spätestens im 16. Jahrhundert erhielten die Torarollen entsprechend ihrer hervorragenden Bedeutung reichen Schmuck. Beide Rollen, gegeneinander gerollt, wurden von einem reich mit Glaubenssymbolen bestickten Toramantel überzogen, die Spindelenden mit silbergetriebenen Spitzen versehen. Darüber an einem Kettengehänge der Toraschild, meist eine silberne Treibarbeit mit Gesetzestafeln zwischen aufsteigenden Löwen (Juda), zuletzt die Torakrone, einer Fürstenkrone gleich, aus Edelmetall oder aus Messing, versilbert oder vergoldet, aufgesetzt.

### Toraschild und Torakrone

Die außergewöhnlichen Kultgeräte wurden 1912–13 von der Silberwarenfabrik Peter Bruckmann u. Söhne, Heilbronn, hergestellt. In Silber getrieben, mit Amethysten besetzt, erinnert die Krone an die biblische Beschreibung des Hutes, den der Hohepriester Aaron trug. Die nach oben als Kuppel auslaufende Form wird

J 7  Torakrone,
1912/13, Silber, Amethyst, Silberwarenfabrik Peter Bruckmann und Söhne, Heilbronn. Verschollen.

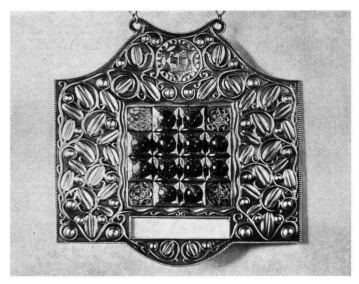

J 8   Toraschild,
1912/13, Silber, Amethyst, Silberwarenfabrik Peter Bruckmann und Söhne, Heilbronn. Verschollen.

mit den beiden Gesetzestafeln bekrönt (Abb. J 7). Der dazugehörige Toraschild mit derselben Datierung und Herstellungsfirma ist ebenfalls für Adler als Entwerfer gesichert. Der besonderen Bedeutung entsprechend sind sowohl Torakrone wie Toraschild in Entwurf und Ausführung sehr anspruchsvoll. Das mit Amethysten besetzte Blatt- und Rankenwerk der Ornamentik ist an den beiden Kultgeräten identisch. Mittig im Toraschild sind in einem Quadrat, quadratisch gefaßt, 12 Amethysten, die sich auf Israels 12 Stämme beziehen. Das darunterliegende rechteckige Feld ist ein Zettel-Einschub für die Angabe des Tora-Wochenabschnittes (Abb. J 8).[13]

Da Toraschild und Krone auf der Werkbundausstellung 1914 in Köln mit Besitzvermerk „Hamburger Tempel" versehen waren, kann die Verwendung vor und nach 1914 dort als gesichert gelten. Beide Stücke sind verschollen. Sie wurden entweder in der Pogromnacht 1938 mit der Synagoge zerstört, oder sie gingen im Zuge der Edelmetall-Requirierung, bei der auch kostbare Steine und Perlen in jüdischem Besitz abzuliefern waren, verloren. In Hamburg sollen es 20.000 kg gewesen sein. Nur dort gelang es einer bekannten Sammlerin ca. 2.000 kg zu erwerben und nach dem Krieg den Eigentümern zurückzugeben. Allerdings waren diese Stücke vor 1860, nur wenige bis 1900, hergestellt, und es scheinen vorwiegend profane Gegenstände gewesen zu sein. Offenbar handelte es sich meist um Silberbestecke, für die die Sammlerin ein besonderes Faible hatte.[14] Nach Kriegsende wurden diese Stücke – soweit möglich – an die Eigentümer zurückgegeben.

Ein besonderer Glücksfall ist, daß eine Anzahl schöner und hochwertiger Kultgeräte, die Friedrich Adler entworfen hatte und die ebenfalls in Köln ausgestellt waren, nach den USA gerettet wurden. Sie sind heute durch Stiftung an das Maurice Spertus Museum of Judaica, Chicago, in der nach den Stiftern benannten „Hill-Page-Collection" ausgestellt. Nur durch Zufall wurde das Vorhandensein der Collection Ende der 1970er Jahre bekannt. Es war für die Adler-Familie und Kunstfreunde eine freudige Überraschung, denn auch diese Stücke galten als verloren.

Als Hermann Adler, ältester Sohn von Friedrich Adler, gest. 1982, Ende der 1970er Jahre beim Flug von New York nach Europa neben einem jungen Mann zu sitzen kam, fragte ihn dieser, ob er mit dem Friedrich Adler, der die wunderschönen Kultgeräte des Spertus-Museums entworfen habe, denn verwandt sei. So erfuhr die Familie von den geretteten Kultgeräten.

Die Adler-Exponate waren einst im Besitz der Juristen- und Bankierfamilien Cohn-Hirschland. Das Familienoberhaupt Julius Cohn sah sie bei der Kölner Werkbundausstellung und erwarb sie danach. Nach der Machtübernahme durch die Nationalsozialisten emigrierten die Familien erst nach Paris, dann in die USA. 1972 übergaben die Nachfahren eine wertvolle Judaica-Sammlung, darunter auch die von Adler entworfenen Kultgeräte, dem Chicagoer Museum. Die Familien Hirschland und Pagener nannten sich in den USA Hill bzw. Page. Diese Namen erhielt die Collection. Von Adler waren sieben Exponate darunter.[15]

Ner Tamit – ein **Ewiges Licht** war schon in der Stiftshütte und danach in Salomons Tempel. Ein uraltes Kultgerät, das in der Regel vor dem Toraschrein aufgehängt ist, um an die stetige Anwesenheit Gottes zu erinnern. Es ist der heiligste Bereich des jüdischen Gotteshauses. In katholischen Kirchen und in Moscheen ist das Ewige Licht ebenfalls zu finden. Adlers sehr aufwändig gestaltetes Ewiges Licht aus versilbertem, getriebenem und gegossenem Messing war erstmalig in der Kölner Werkbundausstellung 1914 zu sehen und wurde als Einzelstück hergestellt. Seine Grundform ist der Historie entnommen, als Hängelampe an sechs Ketten aufgehängt. Die bauchige Schalenform dient als Ölbehälter und läuft mit zwei Zwiebelformen in einer Spitze aus. Der Zylinder ist aus Rubinglas (Abb. J 9). Im Katalog der Hill-

---

13. Werkbund-Jahrbuch 1912, Abbildung S. 69.
    „Ost und West" – Israelitische Monatszeitschrift für das gesamte Judentum, 1918, Heft 3 / 4, S. 77–90.
14. Carl Schellenberg, 1952, Hamburger Staatsarchiv 328 / 1952, Sign. 680.

---

15. Maurice Spertus Museum of Judaica. Hill-Page-Collection. Katalog, Chicago 1976.

J 9     Ewige Lampe,
1912/13, Messing versilbert, Rubinglas. Silberwarenfabrik Peter Bruckmann und Söhne, Heilbronn. H 109, Dm 36. Chicago, Spertus Museum, Hill-Page-Collection.

J 10    Kidduschbecher, Sedergerät, Eliasbecher (von links)
Kidduschbecher, 1912/13, Silber, Silberwarenfabrik Peter Bruckmann und Söhne, Heilbronn. H 15,25; Dm 11,9. Chicago, Spertus Museum, Hill-Page-Collection.
Sedergerät, 1912/13, Silber getrieben, Elfenbein, Glas. Silberwarenfabrik Peter Bruckmann und Söhne, Heilbronn. H 10,2; Dm 44. Chicago, Spertus Museum, Hill-Page-Collection.
Eliasbecher, 1912/13, Messing versilbert, Mondsteine. Silberwarenfabrik Peter Bruckmann und Söhne, Heilbronn. H 24,75; Dm 15,25. Chicago, Spertus Museum, Hill-Page-Collection.

Page-Collection steht darüber geschrieben: *„Als Meister der angewandten Kunst machte Adler Entwürfe für große architektonische Arbeiten, aber auch für kleinere Skulptur-Gegenstände. Unter Adlers Hauptwerke fielen die dekorative Gestaltung der Hamburger Synagoge, für die das Ewige Licht geschaffen wurde. Die Werke Adlers wurden 1914 in Köln auf der Werkbundausstellung präsentiert und kurz danach an Julius Cohn verkauft."* Ob und wie lange das Ewige Licht in einer Hamburger Synagoge als Kultgerät diente, ist nicht überliefert. Seit 1914 war es nur noch ein Sammler- bzw. Museumsstück. Außer in der Werkbund-Synagoge diente sie wohl als Sammlerstück.

Das **Pessachfest** wird in der Familie gefeiert. Es beginnt mit dem Sederabend, an dem in der Pessach-Haggada über die Leiden der Juden in der ägyptischen Gefangenschaft und die Beschwernisse und Entbehrungen während der vierzigjährigen Wüstenwanderschaft in das Land Kanaan gelesen wird. Gefeiert wird das Fest im März oder April und dauert wie alle hohen jüdischen Feste eine Woche, wobei erster und letzter Tag Hauptfeiertage, die dazwischen liegenden Tage Halbfeiertage sind, an denen auch gearbeitet werden darf. Pessach ist ein freudiges Fest, denn es erinnert an die Errettung der Juden aus der Knechtschaft. Auf dem Festtagstisch steht das **Sedergerät** mit sechs kleinen Schalen für symbolische Speisen, die an die Wüstenwanderung erinnern sollen. In der Mitte steht der Becher für den unsichtbaren Gast, den Propheten Elia.

Adlers Gerät aus Silber auf Elfenbeinfüßen hat einen quadratischen Unterbau mit drei Laden für die Unterbringung der Mazzot, der ungesäuerten und ungesalzenen Pessachbrote. Auf vier Elfenbeinsäulen ruht die runde Sederplatte mit Schalen und Bechern.

*„Dieses ausnehmend schöne Sedergerät aus Glas, Silber mit Elfenbeinelementen ist ein gutes Beispiel dafür, wie es Adler gelungen ist, religiöse Zweckbestimmung, traditionelle rituelle Ornamentik mit modernen dekorativen Elementen in Einklang zu bringen. Das Sedergerät gehört zu den bedeutendsten, uns bekannten Jugendstil Zeremonialgeräten ..."*[16]

Zu jeder jüdischen Feier, dem Sabbat oder Festtag, gehört der Genuß von Wein. Der Hausvater spricht über den **Kidduschbecher** zum Eingang in den Sabbat oder Feiertag den Segen. Der Kidduschbecher kann sowohl ein einfaches Glas als auch ein Gefäß aus edlem Me-

---
16. Laurie Stein, Adler Katalog, 1994. S. 143.

tall mit aufwendiger Ornamentik und Inschrift sein. Adlers Kidduschbecher, aus Silber getrieben, der den Einband des Katalogs der Hill-Page-Collection ziert, hat eine bemerkenswerte, sowohl moderne als auch archaische Form, die in Adlers Metallentwürfen eine Sonderstellung einnimmt. Der Kelch (Cuppa) ist doppelt geschwungen mit Weintrauben verziert. Ein kräftiger Schaft mit halbrunden Rillen trägt einen Segensspruch. Der ausschwingende Fuß ist mit einem Perlenornament umwunden (Abb. 10 li.). Ein **Eliasbecher** ist auch als Einzelstück im Spertusmuseum, welcher durch seine besondere Eleganz auffällt. Auch die Größe ist außergewöhnlich. Dieser kostbare Becher mit flachem Kelch und konisch, nach unten sich vergrößerndem Schaft läuft in Trompetenform aus. Das Material ist Messing, versilbert. Die Mondsteine sind in der spitz nach unten auslaufenden Durchbruch-Ornamentik des Schaftes eingefaßt (Abb. J 10, re.).

Wie Kiddusch den Sabbatbeginn anzeigt, beendet Hawdala ihn. Der geheiligte Tag geht zu Ende, die Wochentage stehen bevor. Es ist ein Abschiednehmen, bei dem Kultgeräte im Gebrauch sind. Auf einem Tablett stehen der **Hawdalakelch** mit Wein (Abb. J 11 re.) und ein **Bessomimbehälter** (Gewürztürmchen), in dem wohlriechende Kräuter sind, deren Duft den Raum erfüllt. Eine geflochtene, vierflammige Kerze erhellt den Raum.

Der Hawdalabecher und der Bessomimbehälter nach Adlers Entwurf haben sich in Chicago erhalten. Der Hawdalakelch mit schlanker Cuppa und gepunztem Bändelwerk auf einem kräftigen Schaft mit mittiger Verstärkung, die eine hebräische Inschrift in Ornamenten trägt. Der abgetreppte Standfuß ist übergroß dimensioniert (Abb. J 11, li.). Ein Bessomim-Türmchen ist oben von einer spitzwinkligen, mit reicher Ornamentik versehenen Elfenbeinspitze bekrönt. In dem nach unten spitzkegelig vergrößerten Oberteil wiederholt sich die Ornamentik der Bechercuppa. Zwischen Zylinder und Fuß ist ein kurzer eingezogener Schaft mit kleinen Elfenbeinstützen, die – zwar ohne statische Funktion – dem Gerät zusätzlich ein pagodenähnliches Aussehen verleihen. Ein weiteres Bessomimgefäß, aus Messing getrieben, wirkt noch heute sehr modern und ist für den kultischen Bereich in dieser flachen Form eher ungewöhnlich. Auf drei Füßen stehend hat der Behälter wiederum einen pagodenähnlichen Abschluß mit kugeligem Knauf (Abb. J 12).

Sukkot ist ein freudiges Fest, welches nach Jom Kippur, im September oder Oktober, gefeiert wird. Ein Fest mit zweifachem historischem Hintergrund. Zum einen das Erntedankfest, zum anderen das Laubhüttenfest, das an die vierzigjährige Wüstenwanderung der Juden mit den bescheidenen Schlafstätten in Laubhütten erinnert. Im Lulaw, einem Gebinde, das zum Fest gehört, ist auch die Etrogfrucht, eine Zitronenart. In der **Etrogdose** wird die Frucht verwahrt.

Von Friedrich Adler wurde eine Etrogdose entworfen, die sich in der Hill-Page-Collection befindet. Sie ist in

J 11  Gewürztürmchen und Hawdalahbecher
Gewürztürmchen (links), 1912/13, Silber, Elfenbein. H 21,0; Dm 7,3.
Hawdalahbecher (rechts), 1912/13, Silber. H 12,25; Dm 11,5.
Silberwarenfabrik Peter Bruckmann und Söhne, Heilbronn.
Chicago, Spertus Museum, Hill-Page-Collection.

J 12  Bessomimgefäß,
um 1908, Messing getrieben, gedrückt. H 11,3; Dm 16,3, signiert „A". Hersteller wohl Hamburg. Privatbesitz Hamburg.

J 13  Etrogdose,
1913/14, Silber, Elfenbein. B 15,25; T 12,7. Silberwarenfabrik Peter Bruckmann und Söhne, Heilbronn. Chicago, Spertus Museum, Hill-Page-Collection.

J 14  Sedergerät,
1913 und 2000, Zinn poliert. H 27,0; Dm 48,5. Zinnwarenfabrik Eugen Wiedamann, Regensburg. Verschollen. Neuanfertigung 2000 Heinrich Rappl, Lappersdorf-Kaulhausen. Laupheim, Museum zur Geschichte von Christen und Juden, Schloss Großlaupheim.

üblicher ovaler Form aus Silber gearbeitet. Die getriebene Ornamentik trägt ein ringsum laufendes Spruchband mit Bibeltext zum Fest. Die Verzierung steht – wie bei den vorgenannten Kultgeräten – der des Sedergeräts nahe (Abb. J 13).

Ein siebenarmiger **Sabbatleuchter** aus Silber ähnelt ebenfalls stilistisch den vorgenannten Geräten. Sein Verbleib ist unbekannt (o. Abb.).

### Sakrale Kultgeräte aus Zinn

An den Nürnberger Meisterkursen nahm im Sommer 1911 der Regensburger Zinngießermeister **Eugen Wiedamann** (1873–1954) teil. Er entstammte einer Zinngießerdynastie der alten Freien Reichsstadt, deren Ruf weltweit in hohem Ansehen stand. Die Werkstatt und ihre Meister waren Garanten für höchste Qualität ihrer Erzeugnisse. Ihre Gründung geht auf die letzten Jahre des 18. oder den Anfang des 19. Jahrhunderts zurück.

Aus dem Lehrer-Schüler-Verhältnis zwischen Adler und Wiedamann entstand eine freundschaftlich-geschäftliche Beziehung. Im Musterbuch der Firma Wiedamann von 1915 sind neben traditionellen Arbeiten auch neuzeitliche Entwürfe, darunter fünf jüdische Kultgeräte von Friedrich Adler, aufgeführt. Einige Entwürfe von Wiedamann selbst lassen die stilistische Nähe zu Adler erkennen. Die von Adler entworfenen Kultgeräte wurden in der Synagoge der Kölner Werkbundausstellung 1914 gezeigt, doch ist keines der Exemplare überliefert. Hier war das **Sedergerät** mit einem Durchmesser von 48,5 cm das bemerkenswerteste Stück (Abb. J 14):

*„Adlers Entwurf dieses Sedergeräts aus Zinn weist interessante gestalterische und symbolische Merkmale auf. Ein großes ringförmiges Tablett, das die Behälter für die rituellen Pessachspeisen aufnehmen kann, steht auf sechs Füßen. In seiner kunstvollen Behandlung des Materials, seinem filigranen Zierat, den hebräischen Inschriften mit Sederordnung und Sprüchen der Haggada stellt dieses kultische Gerät eine wichtige Arbeit Adlers dar. Das Sedertablett wird von einem Eliasbecher auf einer gewölbten Abdeckung gekrönt. Blattwerkornamente bilden das hervorstechende dekorative Element und sind typisch für Adlers Werke aus jener Zeit …*

*Anders als Adlers zweites bekanntes Sedergerät aus Silber, das in einer benachbarten Vitrine auf der Werkbundausstellung gezeigt wurde, strahlt es einen ganz eigenartigen ästhetischen Reiz aus, der sicherlich der Verwendung von Zinn als Werkstoff zuzuschreiben ist. Formal jedoch sind die Arbeiten durchaus vergleichbar …“* [17]

Die hebräische Umschrift am Sedergerät lautet: „**Dies ist das Brot des Elends, das gegessen haben unsere Väter im Lande Ägypten**", die Schrift auf den sechs Bechern: **Karpas** (orientalisches Kraut – hier Petersilie), **Salzwasser**, **Bitterkraut** (hier Meerrettich o. Ä.), **Äpfel – Mandeln – Nuß-Mus**, **Knochen** (mit wenig angesengtem Fleisch), **Ei**, die Schrift auf dem Eliasbecher, dem unsichtbaren Gast: **Becher des Elijahu, des Propheten**.

Ein **Waschgerät** (Lavabo) für die rituelle Handwaschung besticht durch seine schlichte Formgebung in modernem und elegantem Stil. Sparsam ist die Orna-

---

17. Laurie Stein, Adler Katalog, 1994. S. 148.

J 15
Waschgerät,
1913 und 2000,
Zinn, Wasserbehälter
35,0 x 26,0 x 19,0,
Wasserbecken
20,5 x 35,5 x 23,5.
Zinnwarenfabrik
Eugen Wiedamann,
Regensburg.
Verschollen.

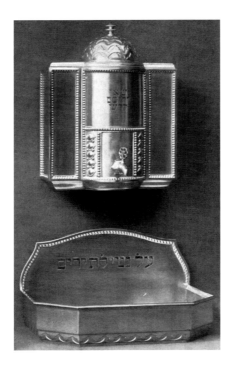

J 17
Chanukka-Leuchter,
1913, Messing,
H 25,5; B 23,0.
Zinnwarenfabrik
Eugen Wiedamann,
Regensburg.
Verschollen.

mentik, die sich vorwiegend in der Kuppel des Wasserbehälters zeigt. Sehr lebendig macht sich das ringsum angeordnete Perlenbandmotiv. Dieses rituelle Waschgerät wird von der Firma Rappl wieder angefertigt werden und könnte in der Adler-Sammlung des Museums zur Geschichte von Christen und Juden im Schloss Großlaupheim zu einer wertvollen Bereicherung beitragen (Abb. J 15).

Ein **Sabbat** oder **Sederleuchter** von 1913 weicht stilistisch von Adlers Entwürfen ab und zeigt Formen, die dem Historismus verwandt sind. Die Anzahl der Lichtträger ist variabel und kann je nach Ausführung verschiedenen kultischen Zwecken dienen (Abb. J 16).

Der **Chanukkaleuchter** nach Adlers Entwurf ist das einzige Kultgerät, das Wiedamann aus Messing herstellte, eventuell auch in einer Buntmetallgießerei herstellen ließ. Der Entwurf wirkt überraschend traditionell und lehnt sich an frühe Vorbilder an. Form und Ausführung, mit acht halbkreisförmigen Armen, Kerzenhalter und „Schammes", dem Dienerarm für die neunte Kerze. Der Fuß zeigt dagegen Adlers innovativen Stil (Abb. J 17).

Ein **Kidduschbecher**, der nach Adlers Entwurf bei Wiedamann hergestellt wurde, ist mit einer glockenförmigen Kuppa ausgestattet, die an der unteren Partie oktogonig angeflacht ist. Ein hoher Schaft, unten und oben eingedreht, trägt eine Trauben- und Rebranken-Ornamentik. Der runde Standfuß ist ebenfalls vegetabil ornamentiert (Abb. J 18).

J 16
Sabbat- oder
Sederleuchter,
1913 und 1999,
Zinn. H 530; Dm 400.
Zinnwarenfabrik Eugen
Wiedamann, Regensburg. Erstanfertigung
verschollen.
Neuanfertigung 1998
Heinrich Rappl,
Lappersdorf-Kaulhausen.
Laupheim, Museum zur
Geschichte von Christen
und Juden, Schloss
Großlaupheim.

J 18
Kidduschbecher,
1913 und 1999,
Zinn, H 18,5; Dm 7,8.
Zinnwarenfabrik
Eugen Wiedamann,
Regensburg.
Neuanfertigung 1999
Heinrich Rappl,
Lappersdorf-Kaulhausen.
Laupheim, Museum
zur Geschichte von
Christen und Juden,
Schloss Großlaupheim.

J 14a
Kidduschbecher
1912/13
H 15,5, Dm 11,9, Silber, Silbewarenfabrik Peter Bruckmann u. Söhne. Chicago, Spertus Museum, Hill Page Collection.

Heinrich Rappl, Zinngießermeister in Lappersdorf-Kaulhausen in der Oberpfalz, hat in jüngerer Zeit bereits das Sedergerät, Sabbatleuchter und den Kidduschbecher nach der erhaltenen Form wiederhergestellt, die das Museum zur Geschichte von Christen und Juden im Schloss Großlaupheim erworben hat. Den Kidduschbecher übergab die Laupheimer Gesellschaft für Geschichte und Gedenken dem Museum als Geschenk.

In der vierten Generation der Zinngießer-Familie übergab Eugen Wiedamann den Betrieb an seinen Sohn Richard, der ihn erfolgreich weiterführte, indem er wie sein Vater mit bekannten Entwerfern zusammenarbeitete, unter ihnen auch Wolfgang von Wersin. Als 1969 Richard Wiedamann starb, trat der Sohn die Nachfolge an. 1975 übernahm Eduard Scholl die Firma. Nach dessen Tod 1981 erwarb Heinrich Rappl 1982 die Zinngießerei, die er nach Lappersdorf-Kaulhausen verlegte.

Heinrich Rappl, der bereits seit 1966 in dem Betrieb tätig war, übernahm auch die Gußmodelle, deren frühestes aus dem Jahr 1746 stammt. Mit unglaublicher Akribie und enormem Zeitaufwand hat er in Regalen die Modelle in jahrelanger Arbeit sortiert und inventarisiert und daneben alte Zinngieß-Maschinen und Werkzeuge gesammelt. Dabei sind auch die Modelle für die Kultgeräte, die Adler entworfen hatte, zum Vorschein gekommen. Diese hatten es Heinrich Rappl besonders angetan. In einer viel beachteten Ausstellung auf Burg Wolfsegg bei Regensburg wurde die Sammlung 1993 erstmals gezeigt.

Die **Jahrzeitlampe** war früher in der Synagoge aufgestellt, in jüngerer Zeit ausschließlich im Trauerhaus, und wird beim Tod eines Angehörigen angezündet. Sie brennt für Eltern dreißig, für andere Familienangehörige sieben Tage, danach jährlich am Sterbetag.

Adler entwarf um 1929 eine sehr modern wirkende Jahrzeitlampe aus Ebenholz, versilbertem Metall und dunkelrotem Überfangglas, die sich in der Adler-Familie in New York befindet. Der Hersteller ist nicht bekannt (Abb. J 19).

Ein zweiter Jahrzeitleuchter (Abb. J 20), entworfen in den zwanziger Jahren, ist im jüdischen Lexikon von Herlitz und Kirschner (Bd. III, S. 129) abgebildet. Er ist aus Messing getrieben und gelötet. Der dunkle Glasschirm ähnelt dem der vorgenannten Jahrzeitlampe. Das Gerät gilt als verschollen. Dies trifft auch für alle textilen und religiösen Entwürfe Adlers zu. Davon sind bekannt: Toravorhänge der Laupheimer und der Werkbund-Synagoge Köln sowie ein Kidduschteppich für die liberale Synagoge in der Oberstraße in Hamburg. Für dieses Gotteshaus soll Adler lt. Überlieferung auch die Buntglasfenster entworfen haben.

J 19
Jahrzeitlampe,
um 1929, Ebenholz, Metall versilbert, rotes Überfangglas.
H 20,5. Herstellung wohl Hamburg. New York, Privatbesitz.

J 20
Jahrzeitlampe,
um 1925, Messing, Überfangglas. Hersteller, Maße und Verbleib unbekannt. Abbildung aus Jüdisches Lexikon, G. Herlitz und B. Kirschner, 1927, Bd. 3, S. 129.

J 14
(siehe Seite 47)

# Grabmalkunst

# Grabmalkunst (G)

Im alten Israel wurden teilweise gigantische Mausoleen und Grabmale für reiche und mächtige Familien errichtet, um damit ihre hohe Stellung und ihren Reichtum zu zeigen. Spätere Glaubenslehrer verwarfen diesen Pomp. Der Grundsatz „im Tod ist jeder gleich" wurde aber nach der Assimilation nicht mehr streng beachtet. Teilweise entstanden anspruchsvolle Grabmale. Architekten und Künstler wurden für Grabmal-Entwürfe in Anspruch genommen.

Friedrich Adler hat neben dem Gefallenen-Denkmal auf dem Laupheimer jüdischen Friedhof 16 Grabsteine entworfen (Abb. G 1.1).* Von 1900 bis 1935 zeigen sie eine Stilentwicklung vom Jugendstil über Expressionismus und Art Déco bis in die Moderne, die mit der Stilentwicklung in Adlers reichem Werk einhergeht.

Das Grabmal für **Bertha Heumann** (S 20.12), gestorben 1900, ist der früheste Entwurf Friedrich Adlers auf dem Friedhof. Er ist im Stil des Münchner Jugendstils, und es ist nicht abwegig, in ihm nicht nur den Entwurf, sondern auch die Ausführung von Adler und seinen Studenten der Debschitz-Schule in München zu sehen. Das gilt vor allem für die mit Akanthusblatt verzierte Carrara-Marmorschale und für die schräg-horizontale Grabplatte, ebenfalls aus Marmor, mit einer Inschrift,

G 1 Denkmal für die Gefallenen des Weltkriegs 1914–1918 der Laupheimer jüdischen Gemeinde, aus: Josef K. Braun, Alt-Laupheimer Bilderbogen (1988). Aufnahme 1922.

G 2 Grabmal Bertha Heumann (S 20/2), gest. 1900. Ragazzer Stein. Carrara-Marmor. Laupheim, Jüdischer Friedhof.

G 1.1 Der Laupheimer Jüdische Friedhof. Teilansicht von Osten. Im Vordergrund das Denkmal für die Gefallenen des Weltkriegs 1914–1918, errichtet 1922. Inschrifttafel mit Julius Regensteiner ergänzt 1998. Laupheim, Jüdischer Friedhof.

---

* Zu ihrer Auffindung sei folgender Hinweis gegeben: Die in Klammern gesetzten Ziffern „N" und „S" nennen die Nord- bzw. Südseite vom Mittelweg aus betrachtet; die erste Zahl nennt die Gräberreihe, die zweite Zahl den Standort des Steins in der Reihe vom Mittelweg aus gezählt.

G 3  Detail Grabplatte Bertha Heumann (S 20/2)

G 4  Grabmal, München 1905/06. Ausführung Constantin Frick, München. Kalkstein. Ausgestellt auf der Bayrischen Jubiläums-Landesausstellung Nürnberg, 1906. Aufnahme aus „Die Kunst", Bd. 14. S. 351.

die von zwei Rosenstöcken, welche sich oben zu einem Blütenbukett vereinen, umrahmt ist. In der Unterseite der Schale ist, für den Betrachter nicht sichtbar, das Monogramm Adlers und die Jahreszahl 1900 eingemeißelt. Eingefaßt ist die Platte von sechs Marmorsäulen, durch die ein schmiedeeisernes Gitter läuft. Dies ist die einzig erhaltene Metalleinfassung aus dem 19.–20. Jahrhundert, die der Metallrequirierung 1942 für Kriegszwecke entging, da dies nur durch Zerstörung der Säulen möglich gewesen wäre (Abb. G 2 u. 3).

Die Abbildung eines Grabsteins in der Zeitschrift „Die Kunst" (Bd. 14, 1906, S. 351), den Adler 1905/06 in München entworfen hatte, bezeugt eine ungewöhnliche Gestaltungskraft. Allseitig konisch nach oben verengend ist dort in den Stein eine Urne gemeißelt. Am Fuß der Urne ist eine kleine, dunkle Ornamentik aufgebracht oder eingelassen, welche den Stein zusätzlich bereichert (Abb. G 4). Der Stein ist vermutlich nicht erhalten geblieben.

1908 entwarf Adler den Grabstein für seinen Schwiegervater, den Lehrer an der Israelitischen Volksschule in Laupheim, **Max Haymann** (N 22/2). Hier hat er auf jegliche florale Zierde verzichtet. Es handelt sich um einen wuchtigen, aus Kalkstein gearbeiteten Stein, dem bei aller Schwere eine Eleganz nicht abgesprochen werden kann, deren Wirkung durch eine aus dem Stein wachsende Blumenschale erzielt wird. Die Architektur des Grabsteins steht der Baukunst des Spätjugendstils nahe (Abb. G 5).

G 5  Grabmal Max Haymann (N 20/2), gest. 1908, Kalkstein, Granit, Laupheim, Jüdischer Friedhof.

53

G 6 Grabmal Anton Bergmann (N 22/1), gest. 1912, Blaubank, Bronze. Am Grabstein Bronzetafel neueren Datums für Enkel Hermann Wallersteiner, gest. 1912. Monogramme Adler und Steinhauermeister Franz Müller in der Grabeinfassung. Laupheim, Jüdischer Friedhof.
Formgleich, doch in kleinerem Ausmaß, ist der Grabstein für Lina Bergmann (S 27/3), gest. 1928. (ohne Abb.).

1912 ist wiederum eine Stiländerung am Entwurf des Grabmals für **Anton Bergmann** (N 22/1) festzustellen. Es ist ein fast als monumental zu bezeichnender Kalkstein in Rechteckform und mit ovalem Aufsatz. Die flache Kuppel ziert nur ein Bandornament. Dieselbe Ornamentik umrahmt auch eine vertikal-eliptische Inschrifttafel aus Bronze, die nach 1945 wieder ersetzt wurde, nachdem 1942 das Original für die Kriegswirtschaft herausgebrochen worden war. Das Schriftbild der neuen Tafel zeigt keinerlei Anpassung an den einstmaligen Stil. In einer hohen, abgestuften Grabeinfassung befinden sich die Monogramme des Entwerfers und des Steinhauers Franz Müller, der alle Grabsteine nach Adlers Entwurf auf dem Laupheimer jüdischen Friedhof ausführte. Stilistisch ist dieser Stein dem Historismus nahestehend (Abb. G 6). Für Antons Ehefrau **Lina Bergmann** (S 27/3), gest. 1928, wurde in kleinerem Maßstab derselbe Grabstein nachempfunden (o.Abb.).

Für seinen 1916 verstorbenen Vater **Isidor** (N 23/7) entwarf Adler einen Grabstein, der wieder eher dem späten Jugendstil verbunden ist. Oben schließt der Grabstein halbrund ab. Die Kante des Radius ist mit halbrunden Kerben, ähnlich wie gelegentlich bei Adlers Möbeln jener Zeit, versehen. Ein in kreisrunder Form durchgebrochenes Maßwerk stellt eine Rispenblüte dar, die an eine Alraune denken läßt (Abb. G 8).

G 8 Grabmal Isidor Adler (N 23/7), gest. 1916, Kalkstein. Am Grabstein Bronze-Gedenktafel neueren Datums für Sohn Eugen Adler, gest. 1942 in Theresienstadt. Laupheim, Jüdischer Friedhof.

G 9.1
Grabmal von Berta Adler (S 25/6), gest. 1918, und Ida Haymann, gest. 1923. Kalkstein. Inschrifttafel nach 1945 ersetzt. Gedenktafel für Friedrich Adler. Gedenktafel für die in Auschwitz ermordeten Friedrich Adler und Sohn Paul Wilhelm Adler. Grabplatten für Hermann Adler und Max Wolfgang, Söhne.

Für seine Frau **Berta, geb. Haymann**, die 1918 in Hamburg starb, entwarf er den Grabstein für ein Doppelgrab in Laupheim, in dem 1923 auch seine Schwiegermutter **Ida Haymann** (S 25/6) beigesetzt wurde. Es handelt sich hier um einen schlichten, expressionistischen Stein, dessen einzige Zierde eine verwelkte Rose ist, als Zeichen für eine früh verstorbene Frau. Die ursprüngliche bronzene Inschrifttafel wurde durch eine Granittafel ersetzt, die eher störend wirkt (Abb. G 9.1). Zum 100. Geburtstag von Friedrich Adler 1978 wurde eine Bronze-Gedenktafel angebracht. In diesem Grab wurden auch Adlers Söhne **Hermann Adler**, gest. 1982, und **Max Wolfgang Adler**, gest. 1999, urnenbestattet. Beide wurden in Hamburg geboren und lebten seit ihrer Emigration in New York. Für sie sind Inschriftentafeln angebracht. Eine weitere Bronzetafel erinnert an die Ermordung Friedrich Adlers und seines Sohnes Paul Wilhelm in Auschwitz.

**Jeanette** (gest. 1928) und **Amelie Rieser** (gest. 1940) waren die Schwestern von Ida Haymann. Für ihr Grab entwarf Adler einen Grabstein aus Travertin in kubischer Form ohne Verzierung ((S 25/7; Abb. G 9.2).

G 7 Grabmal Rebekka Lämmle (S 13/4), gest. 1883. Grabstein ca. 1920, Kalkstein.
Grabmal Judas Baruch Lämmle (N 15/9), gest. 1892. Formgleich mit Rebekka Lämmles Stein. (o. Abb.). Laupheim, Jüdischer Friedhof.

G 9.2 Grabmal Jeanette Rieser (S 25/7), gest. 1928, und Amalie Rieser, gest. 1940 (S 25/7). Travertin, Laupheim, Jüdischer Friedhof.

Um das Jahr 1920 ist ein Entwurf für zwei Grabsteine zu datieren, die Adler im Auftrag von Carl Laemmle, dem Gründer und Präsidenten der Universal-Filmgesellschaft in Hollywood, für dessen Eltern, den 1892 verstorbenen Vater **Judas Baruch Lämmle** (N 15/10; o. Abb.) und die 1883 verstorbene Mutter **Rebekka Lämmle** (S 13/4), errichten ließ. Sie ersetzten die ursprünglichen Grabsteine. Die Grundform der Architektur mit Maßwerk im Spitzgiebel erinnert an die Gotik. Im Maßwerk sind die Anfangsbuchstaben der Namen der Verstorbenen in hebräischer Schrift integriert. Nicht zu übersehen sind die Einflüsse des Expressionismus und Art Déco. Die Inschriftseite ist konkav gewölbt (Abb. G 7).

Für seine eigene Mutter, **Frieda Adler** (S 24/3), die 1921 verstarb, entwarf Adler einen Grabstein, der nach oben verjüngt in einer Fontäne endet. An der Basis ist das Monogramm des Entwerfers eingemeißelt, ein „A" in einer kreisrunden Vertiefung, mit einem Punkt unter dem Querbalken des Buchstabens. Eine Signatur bzw. Monogramm ist nur an zwei seiner für Laupheim entworfenen Grabsteinen sichtbar angebracht (Abb. G 11).

1924 entwarf Adler für Carl Laemmles Schwester **Karoline Bernheim** (N 25/4) ein Grabmal, welches wie die beiden Steine für Laemmles Eltern in einem

G 11  Grabmal Frieda Adler (S 24/3), gest. 1921, Adler-Monogramm im Stein. Kalkstein. Laupheim, Jüdischer Friedhof.

G 10
Grabmal Karoline Bernheim (N 25/4), gest. 1924, Blaubank, Laupheim, Jüdischer Friedhof.

G 9.3
Grabmal Moritz Einstein (S 25/8), gest. 1926, Kalkstein. Laupheim, Jüdischer Friedhof.

Spitzgiebel endet. In der floralen Relief-Ornamentik in einem rautenförmigen Feld sind vorherrschend die Initialen der Verstorbenen. In keinem der zuvor geschilderten Steine ist der Stil des Art Déco so deutlich. Aus einem symmetrisch diagonalen und vertikalen Astwerk mit Blättern und Blüten bestehend, steht der Entwurf den Batikdrucken Adlers aus dieser Zeit sehr nahe (Abb. G 10).

Eine spitze Giebelform hat Adler auch beim Stein für **Moritz Einstein** (S 25/8) aufgenommen; doch abweichend von der bisherigen Gestaltung, in modern anmutend, schlichter Form mit leicht auskragenden Schmalseiten, ragt der mehrfach längsgewölbte Spitzgiebel empor, der mittig einen kleinen Davidstern trägt. Stilistisch steht der Grabstein dem Art Déco nahe (Abb. G 9.3).

Auch wenn Adler 1924 und 1926 Grabmale im Stil des Expressionismus und Art Déco entwarf, begann er schon 1922 mit der Umsetzung der Moderne, der dem Bauhausstil nahestehenden Architektur. Dafür steht das

Für seine Frau **Berta, geb. Haymann**, die 1918 in Hamburg starb, entwarf er den Grabstein für ein Doppelgrab in Laupheim, in dem 1923 auch seine Schwiegermutter **Ida Haymann** (S 25/6) beigesetzt wurde. Es handelt sich hier um einen schlichten, expressionistischen Stein, dessen einzige Zierde eine verwelkte Rose ist, als Zeichen für eine früh verstorbene Frau. Die ursprüngliche bronzene Inschrifttafel wurde durch eine Granittafel ersetzt, die eher störend wirkt (Abb. G 9.1). Zum 100. Geburtstag von Friedrich Adler 1978 wurde eine Bronze-Gedenktafel angebracht. In diesem Grab wurden auch Adlers Söhne **Hermann Adler**, gest. 1982, und **Max Wolfgang Adler**, gest. 1999, urnenbestattet. Beide wurden in Hamburg geboren und lebten seit ihrer Emigration in New York. Für sie sind Inschriftentafeln angebracht. Eine weitere Bronzetafel erinnert an die Ermordung Friedrich Adlers und seines Sohnes Paul Wilhelm in Auschwitz.

**Jeanette** (gest. 1928) und **Amelie Rieser** (gest. 1940) waren die Schwestern von Ida Haymann. Für ihr Grab entwarf Adler einen Grabstein aus Travertin in kubischer Form ohne Verzierung ((S 25/7; Abb. G 9.2).

G 9.2 Grabmal Jeanette Rieser (S 25/7), gest. 1928, und Amalie Rieser, gest. 1940 (S 25/7). Travertin, Laupheim, Jüdischer Friedhof.

Um das Jahr 1920 ist ein Entwurf für zwei Grabsteine zu datieren, die Adler im Auftrag von Carl Laemmle, dem Gründer und Präsidenten der Universal-Filmgesellschaft in Hollywood, für dessen Eltern, den 1892 verstorbenen Vater **Judas Baruch Lämmle** (N 15/10; o. Abb.) und die 1883 verstorbene Mutter **Rebekka**

G 7 Grabmal Rebekka Lämmle (S 13/4), gest. 1883. Grabstein ca. 1920, Kalkstein.
Grabmal Judas Baruch Lämmle (N 15/9), gest. 1892. Formgleich mit Rebekka Lämmles Stein. (o. Abb.). Laupheim, Jüdischer Friedhof.

**Lämmle** (S 13/4), errichten ließ. Sie ersetzten die ursprünglichen Grabsteine. Die Grundform der Architektur mit Maßwerk im Spitzgiebel erinnert an die Gotik. Im Maßwerk sind die Anfangsbuchstaben der Namen der Verstorbenen in hebräischer Schrift integriert. Nicht zu übersehen sind die Einflüsse des Expressionismus und Art Déco. Die Inschriftseite ist konkav gewölbt (Abb. G 7).

Für seine eigene Mutter, **Frieda Adler** (S 24/3), die 1921 verstarb, entwarf Adler einen Grabstein, der nach oben verjüngt in einer Fontäne endet. An der Basis ist das Monogramm des Entwerfers eingemeißelt, ein „A" in einer kreisrunden Vertiefung, mit einem Punkt unter dem Querbalken des Buchstabens. Eine Signatur bzw. Monogramm ist nur an zwei seiner für Laupheim entworfenen Grabsteinen sichtbar angebracht (Abb. G 11).

1924 entwarf Adler für Carl Laemmles Schwester **Karoline Bernheim** (N 25/4) ein Grabmal, welches wie die beiden Steine für Laemmles Eltern in einem

G 11 Grabmal Frieda Adler (S 24/3), gest. 1921, Adler-Monogramm im Stein. Kalkstein. Laupheim, Jüdischer Friedhof.

G 10
Grabmal Karoline Bernheim (N 25/4), gest. 1924, Blaubank, Laupheim, Jüdischer Friedhof.

G 9.3
Grabmal Moritz Einstein (S 25/8), gest. 1926, Kalkstein. Laupheim, Jüdischer Friedhof.

Spitzgiebel endet. In der floralen Relief-Ornamentik in einem rautenförmigen Feld sind vorherrschend die Initialen der Verstorbenen. In keinem der zuvor geschilderten Steine ist der Stil des Art Déco so deutlich. Aus einem symmetrisch diagonalen und vertikalen Astwerk mit Blättern und Blüten bestehend, steht der Entwurf den Batikdrucken Adlers aus dieser Zeit sehr nahe (Abb. G 10).

Eine spitze Giebelform hat Adler auch beim Stein für **Moritz Einstein** (S 25/8) aufgenommen; doch abweichend von der bisherigen Gestaltung, in modern anmutend, schlichter Form mit leicht auskragenden Schmalseiten, ragt der mehrfach längsgewölbte Spitzgiebel empor, der mittig einen kleinen Davidstern trägt. Stilistisch steht der Grabstein dem Art Déco nahe (Abb. G 9.3).

Auch wenn Adler 1924 und 1926 Grabmale im Stil des Expressionismus und Art Déco entwarf, begann er schon 1922 mit der Umsetzung der Moderne, der dem Bauhausstil nahestehenden Architektur. Dafür steht das

Gefallenendenkmal für die Toten des Ersten Weltkriegs aus der Laupheimer jüdischen Gemeinde. Nicht nur in architektonischer Hinsicht hat der Künstler, und die Gemeinde, Zeichen gesetzt; der Krieg wurde nicht heroisiert und die Toten nicht zu Helden des Vaterlandes stilisiert. Mit den großen Lettern im Stein „UNSEREN SÖHNEN" wird nicht nur derer gedacht, die in jungen Jahren ihr Leben lassen mußten, sondern auch des Schmerzes der Eltern.

Das Denkmal steht auf dem Laupheimer jüdischen Friedhof dominierend an der Ostseite des Mittelweges in einem besonders dafür gestalteten Umfeld unter mächtigen Blutahornbäumen. Der untere Teil entstand aus einem Rechteckkubus, welcher beidseitig in Radien endet. Dort sind Wasserbecken, die von kleinen Brünnlein gespeist werden. Das Wasser versinnbildlicht das Leben und die Wiederauferstehung. Im oberen konischen Teil ist eine Bronzetafel eingelassen mit den Namen der neun Gefallenen. Die ursprüngliche, 1942 für die Kriegswirtschaft entfernte Bronzetafel der Rückseite, deren Inschrift nicht überliefert ist, wurde 1955 durch eine neue ersetzt (Abb. G 1 u. G 1.1). Der Text lautet:

„*Eine früher an dieser Stelle angebrachte Gedenktafel wurde in den Jahren 1933-1945 gewaltsam entfernt.
Diese neue Tafel sei dem Andenken an die jüdischen Opfer jener Schreckenszeit gewidmet.
Friede walte künftig über dieser Stätte.
Gestiftet im Jahre 1955 von früheren Angehörigen der Israelitischen Gemeinde Laupheim.*"

Der modernen Architektur sind die Grabsteine zuzurechnen für **Willy Bergmann**, gest. 1925 (N 24/10; Abb. G 12), **Hugo Hofheimer**, gest. 1928 (S 26/2; Abb. G 13), Jeanette Rieser, gest. 1928, und Amelie Rieser, gest. 1940 (S 25/7; Abb. G 9.2) sowie für Friedrich Adlers Bruder **Jakob**, der 1935 durch Freitod sein Leben

G 12  Grabmal Willy Bergmann, (N 24/10), gest. 1925, Julie Bergmann, gest. 1972. Muschelkalk. Laupheim, Jüdischer Friedhof.

G 13  Grabmal Hugo Hofheimer (S 26/2), gest. 1928, Travertin. Laupheim, Jüdischer Friedhof.

beendete (N 28/13; Abb. G 14). Die Diskriminierung zur Zeit des Nationalsozialismus hatten ihn dazu getrieben. Jakobs Sohn **Herbert Adler**, gest. 1939, wurde im selben Grab bestattet. Durch Herausreißen der Bronzebuchstaben der Inschrift und späteres Einmeißeln der Lettern hat das Bild des Steins für Jakob Adler an Orginalität gelitten.

In der jüdischen Abteilung des Göppinger Friedhofs steht auf einem Familiengrab eine Urne aus Kalkstein. Dazu schreibt Laurie Stein (Laurie A. Stein, F.A.-Katalog, S. 136): „*Die Urne realisiert einen von Adlers bemerkenswertesten Entwürfen für das Totengedächtnis und spiegelt die fortschrittlichen bildhauerischen Möglichkeiten des Künstlers wieder.*" **Max Netter** starb im Ersten Weltkrieg 1916 vor Verdun (Abb. G 17).

G 14
Grabmal Jakob Adler
(N 28/3), gest. 1935,
Herbert Adler,
gest. 1939.
Kalkstein. Laupheim,
Jüdischer Friedhof.

G 17
Graburne Max Netter,
gest. 1916 vor Verdun.
Kalkstein. Steinbildhauer nicht bekannt.
Göppingen,
Stadtfriedhof,
jüdische Abteilung.

G 15  Grabmal Ida Rechtsteiner, gest. 1907, Kalkstein. Laupheim, Christlicher Friedhof.

Auf dem christlichen Friedhof Laupheims standen einst zwei Grabsteine von Adler. Nur einer, der für **Ida Rechtsteiner**, gest. 1907, der Frau seines Laupheimer Kunstschreiners, ist erhalten. Der Grabstein ist gestalterisch, mit seinen beidseitig eingearbeiteten Blumenträgern, dem fünfzehn Jahre später entstandenen Kriegerdenkmal nahestehend, während er im Detail ganz dem Jugendstil angehört. Aus einem hohen, grob behauenen Stein, das Erdreich darstellend, wächst aus einem Wurzelstock beidseitig je ein Strang um die erhabene, rechteckige Inschrifttafel, welche oben in Blumenbuketts enden. Das eingemeißelte, zurückgesetzte Kreuz steht in einer Nische. Im Gegensatz zu der 1902 entworfenen Grabplatte für Bertha Heumann, mit abstrahiertem floralem Schmuck, ist dieser ganz naturalistisch. Bei fast allen von Adler entworfenen Grabsteinen ist auch die Grabeinfassung stilistisch einbezogen (Abb. G 15).

Für die Familie **Fabisch**, seine aus Breslau stammenden Schwiegereltern, entwarf Adler 1928 einen Grab-

G 16 Grabmal Max Fabisch, gest. 1929, Margarete Fabisch, gest. 1940.

G 16.1 Kurt Fabisch, gefallen 1915. Rückseite: in memorium Friedrich Adler 1942, Paul W. Adler 1942. Hamburg-Ohlsdorf, Jüdischer Friedhof.

stein in Form eines abgestumpften Kegels, der auf Blöcken ruht. Entsprechend dem Zeitstil ist auf jede Ornamentik verzichtet. Die Rückseite des Steines trägt die Inschrift (Abb. G 16 / G 16.1):

IN MEMORIAM
FRIEDRICH ADLER
GEB. LAUPHEIM / WTTBG. 1878
1907-1933 PROF. A. D. LANDESKUNSTSCHULE
HAMBURG. 1942 DEPORTIERT.

———

PAUL W. ADLER
GEB. 15. 2. 1915 IN HAMBURG
GEST. IN AUSCHWITZ 1942

G 15
(siehe Seite 58)

# Metallobjekte

# Metallobjekte (Me)

Auch wenn sich die Zeit der Metall-Entwürfe Adlers für Zinnguß- und – in geringerem Maße – für Silber- und Buntmetall-Objekte im Wesentlichen auf die Jahre zwischen 1900 und 1914 beschränkte, gehörten diese doch zum Wichtigsten seines künstlerischen Schaffens! *„Schon ein erster Blick auf das wiederentdeckte Oeuvre Friedrich Adlers läßt erkennen, daß er in der Werkstoffgruppe der Metalle nicht nur in numerischer Hinsicht seine beeindruckendsten Leistungen vollbracht hat. Offenbar konnte sich der Künstler Friedrich Adler im Metall am überzeugendsten verwirklichen"*, so äußerte sich Claus Pese, der renommierte Kenner von Adlers Metallkunst.[1]

Schon früh wurde zu Adlers Arbeiten publiziert. Die erste Entwurfzeichnung für eine Petroleum-Tischlampe aus Metallguß wurde 1898/99 abgebildet[2]. Es folgten 1899/1900 die Abbildung eines Zinnbecher-Entwurfs und einer Servierplatte. Weitere Abbildungen erschienen in der Zeitschrift „Kunst und Handwerk": ein Pokal, ein Spirituskocher mit Pfännchen und Schirmgriffe.[3] Daß einem erst zweiundzwanzigjährigen Künstler ein mehrseitiger Bericht mit 24 Abbildungen von Objekten verschiedener Werkstoffe gewidmet wird,[4] mag dafür sprechen, daß er nicht nur beachtet, sondern daß auch Erwartungen an ihn gestellt wurden. Hinweise darüber, daß nach diesen Entwürfen auch angefertigt wurde, sind

Me 1 Leuchter, fünfflammig,
Nürnberg 1900. Metallwarenfabrik für Kleinkunst Walter Scherf u. Co., Zinn, H 34,5, Bez.: Osiris 600,
Laupheim, Museum zur Geschichte von Christen und Juden, Schloss Großlaupheim.

Me 2 Leuchter, zweiflammig,
Nürnberg 1900. Metallwarenfabrik für Kleinkunst Walter Scherf u. Co., Zinn H 34,5, Bez.: Osiris 600. Laupheim, Museum zur Geschichte von Christen und Juden, Schloss Großlaupheim.

---

1 Claus Pese, Friedrich Adler-Katalog, „Die Welt ist voller Form", S. 150–195.

2 „Kunst und Handwerk", 1898/99, Heft 49, S. 160–161.
3 „Kunst und Handwerk", 1899/1900, Heft 50, S. 70–72.
4 „Deutsche Kunst und Dekoration", VII, 1900, S. 130–131.

nicht überliefert. Leider haben Hersteller kunsthandwerklicher Erzeugnisse in ihren Verkaufskatalogen bis ca. 1912 die Entwerfer nicht namentlich genannt. Später geschah dies zunehmend, weil darin eine Verkaufsförderung erkannt wurde. Die Anzahl der Abbildungen und verbindliche Aussagen von Adlers Kindern und Verwandten sowie von Studenten der Adler-Klassen in der Hamburger Landeskunstschule vermitteln einen guten Kenntnisstand über Adlers stilistische Merkmale und damit die Möglichkeit sicherer Zuschreibungen. (Abb. Me 5 – Me 9)

Pese unterscheidet die Erzeugnisse nach Adler von 1901/02 stilistisch von denen, die zwei Jahre später entstanden: *„Bei den frühen Metallarbeiten Adlers erwächst die Gestalt aus einer vegetabilen Formgebung, die auf den klassischen Prinzipien von Rhythmus und Symmetrie beruht. Seine Ornamente sind nie der Gegenstand selbst, sondern haben ihren Platz dort, wo sie sich dem Gebrauchswert nicht widersetzen... Das Ornament ist wohl integrierter Bestandteil, entstand aber von ganz aus flächigem Empfinden, ... Für diesen Stil der Ornamentik steht die Bratenplatte (Abb. Me 3) und die Schüssel (Abb. Me 4) ... Zwar verselbständigten die schwungvollen Pflanzenstengel mitunter zu konstruktiven Elementen wie Halterung und Griffe, doch war die Gestaltung noch nicht bildnerisch dreidimensional ... Waren die frühen Entwürfe künstlerisch verzierte Gebrauchsgeräte, wurden danach ganzheitliche Kunstgegenstände, die als Repräsentations-, Zier- und Gebrauchsobjekte dienen konnten. Ein Beispiel des beginnenden Wandels wird bei dem 1901–1902 zu datierenden Leuchter deutlich, dessen Elemente gleichermaßen der Zier wie der Funktion dienten. Diese, wie die vorgenannten und eine ganze Reihe noch zu beschreibender Objekte wurden in der 1899 von Walter Scherf gegründeten „Metallwarenfabrik für Kleinkunst" in Nürnberg gefertigt. In den nur zehn Jahren ihres Bestehens gelangte sie zu Weltruhm. Adler war ihr Entwerfer der ersten Stunde."*[5] Claus Pese nennt 143 Entwürfe Adlers für diese Firma, wobei es sich beim überwiegenden Anteil davon um stilkritische Zuschreibungen handelt. Vielen Entwürfen Adlers ist gemeinsam, daß sie in den Ausführungen matt, poliert versilbert und vergoldet hergestellt wurden.

Die obengenannten Leuchter haben ihre Vorbilder im Barock, was sich durch die geschränkten Licht-Träger-Arme besonders ausdrückt. Die ganze vegetabile Orna-

---

5 „Kunst und Handwerk", 1900/01, S. 17–27.

Me 3 Bratenplatte,
Nürnberg 1901. Metallwarenfabrik für Kleinkunst Walter Scherf u. Co., 29,1 x 19,7, Bez.: Osiris 603, Privatbesitz Laupheim.

Me 4 Schüssel,
Nürnberg 1901. Metallwarenfabrik für Kleinkunst Walter Scherf u. Co., Zinn, Glas- oder Blecheinsatz, H 30,2, Dm 20,2, Bez.: Osiris 699. Laupheim, Museum zur Geschichte von Christen und Juden, Schloss Großlaupheim.

Me 5
Entwurf für einen Zinnbecher,
München um 1900. Ausführung nicht bekannt. Lit.: Deutsche Kunst und Dekoration VII, 1900/01, S.130.

Me 6  Entwurf für eine Servierplatte,
München um 1900. Vorgesehen für Zinnguß. Ausführung nicht bekannt. Lit.: Deutsche Kunst und Dekoration VII, 1900/01, S. 131.

Me 7  Entwurf für eine Servierplatte,
München um 1900. Vorgesehen für Zinnguß. Lit.: Kunst und Handwerk 1900/01, Abb. 27, S. 21.

Me 8
Entwurf für einen Pokal, München, um 1900. Material und Ausführung unbekannt. Lit.: Kunst und Handwerk 51, 1900/01, Abb. 33, S. 24.

Me 9  Entwurf für Spirituskocher mit Pfännchen,
München um 1900. Material und Ausführung nicht bekannt. Lit.: Kunst und Handwerk 51, 1900/01, Abb. 39, S. 26.

mentik ist dabei dem Jugendstil verpflichtet. Eine Besonderheit dabei ist, daß der Leuchter in zwei-, drei-, vier- und fünfarmiger Ausführung hergestellt wurde. Die Arme wurden in der verlangten Zahl an den Schaft gelötet, was einen interessanten Rationalisierungseffekt für die Anfertigung bedeutete. Diese Methode wurde auch bei dem von Wiedamann Jahre später angefertigten Sabbat- bzw. Sederleuchter angewandt. (Abb. Me 1, Abb. Me 2)

Ein ansprechender Entwurf eines Brotkörbchens erfreute sich offensichtlich besonderer Beliebtheit und wurde wohl in einer größeren Stückzahl hergestellt. Es tauchte in den vergangenen Jahren wiederholt im Handel auf. 1997/98 wurde es von einer Zinngießerei erneut aufgelegt.

Um die querovale Schale wächst aus einem Ahornblatt eine filigrane Verästelung mit Ahornschoten um einen Nachtfalter mit ausgebreiteten Flügeln (Abb. Me 11).

Diestelblätter (Akanthus) in Reliefs sind von alters her ein Schmuckmotiv, das sich in der Zeit des Jugendstils ebenfalls besonderer Beliebtheit erfreute. Adler verwendet diese beim Zinngußrahmen eines Toilettenspiegels. Aus zwei Knorpeln erwachsen Stiele, die sich oben durchgebrochen verästeln und im Laubwerk enden. Wie bei anderen Entwürfen Adlers gab es verschiedene Varianten der Ausführung, so die matte Ausführung mit bunten Glasperlen zwischen den Blättern. Interessant ist diese Grundform in ihrer Ausführung als Blaker (Wandleuchter), dessen widerspiegelnde Fläche nicht aus Spiegelglas, sondern aus poliertem Zinn besteht. Zwischen den knorpeligen Standfüßen wachsen

Me 10  Toilettenspiegel,

Nürnberg, 1899–1900. Metallwarenfabrik für Kleinkunst Walter Scherf u. Co., Zinn, Spiegelglas, 30,0 x 24,5. Bez.: Osiris 521/12. Stilkritische Zuschreibung. Laupheim, Museum zur Geschichte von Christen und Juden, Schloss Großlaupheim.

Me 11  Brotschale,

Nürnberg 1900/01. Metallwarenfabrik für Kleinkunst Walter Scherf u. Co., Zinn, 24,0 x 18,5 x 4,7, Bez.: Osiris 609, Isis. Laupheim, Museum zur Geschichte von Christen und Juden, Schloss Großlaupheim.

M 11.1  Fruchtschale,

Nürnberg 1900/01. Metallwarenfabrik für Kleinkunst Walter Scherf u. Co., Zinn, vergoldet. Bez.: Osiris 676 Isis. H 14,0; Dm 24,3. Die Fruchtschale wurde 1901 bei der Ausstellung „Ein Dokument deutscher Kunst" in Darmstadt ausgestellt. Sie galt als verschollen, bis sie 2002 im Kunsthandel angeboten wurde. Privatbesitz Laupheim.

Me 12  Schirmständer,

Nürnberg, 1900/01. Metallwarenfabrik für Kleinkunst Walter Scherf u. Co., Zinn, Keramikgefäß von Vilnos Zsolnay (Pécs, Ungarn), H 57. Minneapolis, USA, Privatbesitz.

Me 13  Toilettenspiegel,

Nürnberg, 1900/01, Metallwarenfabrik für Kleinkunst Walter Scherf u. Co., Zinn, Spiegelglas, 35,5 x 30,2. Bez.: Osiris 785. Laupheim, Museum zur Geschichte von Christen und Juden, Schloss Großlaupheim.

Me 14 Wandleuchter,
Nürnberg 1900/01, Metallwarenfabrik für Kleinkunst Walter Scherf u. Co., Zinn, identisch mit Me 13. Privatbesitz.

Me 15 Mokka- und Teeservice,
Nürnberg 1900/01, Metallwarenfabrik für Kleinkunst Walter Scherf u. Co., Zinn, Ebenholz. H 15,0 (Mokkakännchen), H 10,0 (Teekännchen), H 8,3 (Milchkännchen), H 8,5 (Zuckerdose), 44,0 x 27,0 (Tablett). Bez.: Osiris 704 (Mokkakännchen), Osiris 705 (Teekännchen), Osiris 707 (Milchkännchen), Osiris 706 (Zuckerdose), Osiris 721 (Tablett). Laupheim, Museum zur Geschichte von Christen und Juden, Schloss Großlaupheim.

Me 16 Likörservice,
Nürnberg 1901/02, Metallwarenfabrik für Kleinkunst Walter Scherf u. Co., Zinn. 29,8 x 21 (Tablett), 6,0 (Becher), 19,0 (Kännchen). Bez.: Osiris 708 (Tablett), Osiris 720 (Becher), Osiris 781 (Kännchen). Stilkritische Zuschreibung. Laupheim, Museum zur Geschichte von Christen und Juden, Schloss Großlaupheim.

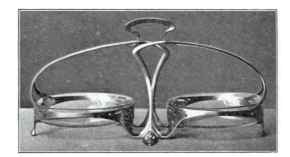

DOPPELSCHALE · ENTWORFEN VON F. ADLER
AUSGEFÜHRT VON W. SCHERF & CIE., NÜRNBERG

Me 17 Doppelschale,
Nürnberg 1900/01. Metallwarenfabrik für Kleinkunst Walter Scherf u. Co., Zinn, 7 x 26,5 x 16,5. Bez.:Osiris 643 Isis. Laupheim, Museum zur Geschichte von Christen und Juden, Schloss Großlaupheim.

Me 18 Jardiniere,
Nürnberg 1900/01. Metallwarenfabrik für Kleinkunst Walter Scherf u. Co., Zinn, poliert und vergoldet, Glaseinsatz. 12,5 x 53,0. Bez.: Osiris 710. Museum zur Geschichte von Christen und Juden, Schloss Großlaupheim (ohne Vergoldung).

Me 19 Tischuhr,
Nürnberg 1901/02. Metallwarenfabrik für Kleinkunst Walter Scherf u. Co., Zinn, Zifferblatt vergoldet. H 36,0. Bez.: Osiris 761. Laupheim, Museum zur Geschichte von Christen und Juden, Schloss Großlaupheim.

Me 20  Fruchtschale

mit drei Henkeln und Einsatz für Obstmesser, Nürnberg 1903/04. Metallwarenfabrik für Kleinkunst Walter Scherf u. Co., Zinn, H 19,0, Dm 27,0. Bez.: Osiris 1077 Isis. Laupheim, Museum zur Geschichte von Christen und Juden, Schloss Großlaupheim.

Me 22  Kaffee- und Teeservice,

Nürnberg 1904. Kunstgewerbliche Metallwarenfabrik „Orion" Georg Friedrich Schmitt. Zinn, Bez.: Orion 2000 (Kaffeekanne, H 23,5), Orion 201 (Milchkanne, H 12,8), Orion 203 (Zuckerdose, H 10,0), Orion 204 (Tablett, 50,0 x 27,0), Teekanne fehlt, Laupheim, Museum zur Geschichte von Christen und Juden, Schloss Großlaupheim.

Me 23  Compottiere,

Nürnberg 1904. Kunstgewebliche Metallwarenfabrik „Orion" Georg Friedrich Schmitt. Zinn, 14,0 x 29,5 x 23,5, Bez.: Orion 219. München, Privatbesitz.

Me 21  Leuchter,

Nürnberg 1903, Kunstgewerbliche Metallwarenfabrik „Orion" Georg Friedrich Schmitt. Zinn, H 24,5, Bez.: Orion 134. Stilkritische Zuschreibung, Privatbesitz.

die gegabelten drei Leuchterarme empor. Dieses besonders schöne Objekt scheint nur in geringer Zahl hergestellt worden zu sein. Dem Verfasser ist nur ein Leuchterpaar bekannt (Abb. Me 13 u. 14).

Eine interessante Variante bietet der Entwurf einer Fruchtschale mit vegetabilen Dreipaß-ähnlichen Bügeln, die zu einem Halter für Fruchtmesser führen. Die Fruchtmesser, sollten sie je ausgeführt worden sein, sind nicht erhalten (Abb. Me 20).

Außer den durch zeitgenössische Abbildungen für Friedrich Adler gesicherten Entwürfen gibt es eine größere Anzahl von Objekten der Firma Metallwarenfabrik für Kleinkunst Walter Scherf und Co., Nürnberg, die durch stilkritische Zuschreibung als Entwürfe Adlers gelten (Abb. Me 15 bis Me 19). Während für die 1903 gegründete Kunstgewerbliche Metallwarenfabrik von Georg Friedrich Schmitt eine Anzahl seiner Entwürfe nachgewiesen sind. Nur dreieinhalb Jahre hatte die Firma Bestand, bis es zum Verkauf an ein Kölner Unternehmen kam. Archivalische Unterlagen der beiden Nürnberger Zinngießereien sind nicht erhalten.

Ein zweiarmiger Leuchter, dessen strenge Versachlichung vor allem im unteren Standfuß unübersehbar ist, ist stilistisch zweiteilig, denn ab dem Schaft ist das Vegetabile nicht übersehbar und sehr jugendstilhaft (Abb. Me 21). Ein Kaffee- und Teeservice von 1904 (Abb. Me 22) ist ein gutes Beispiel einer zurückgenommenen, abstrakt vegetabil und konstruktiven Kunstform. Es besteht aus einer schlanken konischen Form, mit langer, dünner Schnaupe (Ausgußröhre) und schwarzem Holzgriff, Milchkännchen und Zuckerdose auf einem zugehörigen Tablett. Die Teekanne, welche durch zeitgenössische Abbildung überliefert ist, konnte bisher nicht gefunden werden.

Ein eleganter, wohlgelungener Entwurf ist die Compottiere mit transparentem Glaseinsatz in Rundform und großem Standfuß (Me 23). Zwei ausladende Stege, zugleich als Griffe, münden in die durchbrochene Halterung. Im gewölbten Deckel befindet sich eine flechtenförmige Ornamentik, die an die silberne Zuckerdose im Bremer Landesmuseum für Kunst und Kulturgeschichte erinnert.

Wenig erforscht ist die Produktion der beiden Münchener Firmen Kunstgewerbliche Werkstätten für Zinnguß Jakob Reinemann und Josef Lichtinger und Metallwarenfabrik Josef Zimmermann und Co., die Adler ab 1903/04 mit Entwürfen bediente. Die Anzahl derselben, soweit heute überschaubar, hielt sich in Grenzen. Ganz offenbar spielte auch das nachlassende Interesse an neuzeitlichen Zinnerzeugnissen eine Rolle. Der Jugendstil hatte den Zenit bereits überschritten. Käufer bevorzugten nun Modelle in historisierendem Dekor. Für alteingesessene Zinngießer ein nicht unwillkommener Umstand. Sie konnten auf vorhandene Gußmodelle zurückgreifen. 1904 fertigten Reinemann und Lichtinger ein Likörservice. Über dem schlanken, leicht bauchigen, transparenten Glaskörper ist eine spiralige Zinnmontierung. Im Gegensatz zu Adlers Formensprache steht dieser Entwurf dem konstruktiven Jugendstil nahe. Die Trinkgläser haben dieselbe Montierung.

Me 25  Vierarmiger Leuchter,
München um 1904. Kunstgewerbliche Werkstätten für Zinnguß Jakob Reinemann und Lichtiger. Zinn, 38,5 x 29,5. Bez.: 389 Firmenmarke. Privatbesitz.

Im gleichen Jahr wurde ein vierarmiger Leuchter nach Adler-Entwurf angefertigt, der, wenn auch sehr zurückhaltend, an die wenige Jahre zuvor entstandenen Leuchter erinnert. Abstrahiert ist die vegetabile Grundform erkenntlich (Abb. Me 25).

Von der Metallwarenfabrik Josef Zimmermann sind durch die „Stuttgarter Mitteilungen" 1905/06, Heft 2, zehn Abbildungen von Erzeugnissen nach Friedrich Adler erhalten, bei denen der dafür verwendete Werkstoff nicht genannt ist (Abb. Me 26). Sieben Exponate sind erkennbar gegossen und damit sicher aus Zinn oder Messing. Es handelt sich um Handleuchter, Tischlampe,

Me 26  Zehn Metallobjekte,
München um 1905. Metallwarenfabrik Josef Zimmermann u. Co. Abbildung aus Stuttgarter Mitteilungen, 1905/06, Heft 2. Von den zehn abgebildeten Objekten hat sich nur der Wandleuchter (Abb. 22) erhalten, hergestellt aus Messing und Eisen, brüniert. 42,4 x 26,6. Vgl. Me 27. Die übrigen Objekte sind nicht überliefert.

Streichholzhalter, Löscher, Tintenfaß, Federhalterschale mit Papiermesser und Briefbeschwerer. Wohl aus Kupfer- oder Messingblech ist eine getriebene Bowle mit Gußelementen und eine getriebene Blumen-Gießkanne. Einzig bekanntes, erhaltenes Objekt ist ein Wandleuchter aus Messingblech, mit aus Messing gegossenen Leuchterarmen und aufgenietetem, geätztem oder gehämmertem Eisenrahmen. Die Entstehungszeit dürfte wohl 1904/05 gewesen sein (Abb. Me 27).

Friedrich Adlers Entwurftätigkeit für die Urania – Erste niederländische Fabrik für Kunstgewerbe in Metall, Maastricht, kann auf Grund fehlender Geschäftsunterlagen nicht nachgewiesen werden, doch führten stilkritische Vergleiche zu sicheren Zuschreibungen von einer Anzahl von Objekten, deren Entstehung in das Jahr 1904 gelegt wird. Dazu Pese: *"Über die wahrscheinliche Mitarbeit Friedrich Adlers bei der „Urania" Metallwarenfabrik, die in Maastricht, Holland, angesiedelt war, gibt es nicht einmal Quellen, wohl aber Objekte, an denen man die künstlerische Gestaltung durch Adler zu erkennen glaubt. Wo aber sind Belege, die das positive Ergebnis des Stilvergleichs untermauern? Die Spurensuche muß fortgesetzt werden. Es ist durchaus möglich, daß Friedrich Adler für einige hundert Metallobjekte verantwortlich ist."*[6] Im Katalog der Adler-Ausstellung von 1994 sind zehn Adler zugeschriebene Objekte abgebildet, darunter ein Leuchter und ein Standspiegel (Abb. Me 28 u. 29).

Für das folgende Jahrzehnt, bis 1913–14, als die Entwürfe für jüdische Kultgeräte von Eugen Wiedamann angefertigt wurden, sind keine Arbeiten von Adler für Zinnguß überliefert (Siehe hierzu das Kapitel Sakralkunst). Es waren Adlers letzte Entwürfe auf seinem erfolgreichen Schaffensgebiet, dem Entwurf für Zinnguß. Adler hatte

Me 27  Wandleuchter,
München 1905. Metallwarenfabrik Josef Zimmermann u. Co., Messing, Eisen gehämmert und brüniert. 42,5 x 26,5. Ohne Bezeichnung. Privatbesitz.

---

6 Claus Pese, Friedrich Adler-Katalog, 1994, S. 150; S. 154.

Me 28  Leuchter, vierarmig,
Maastricht, um 1904. Urania – Erste Niederländische Fabrik für Kunstgewerbe in Metall. Zinn, vergoldet. H 37,0. Bez.: Urania 191348. Stilkritische Zuschreibung. München, Privatbesitz.
Ohne Vergoldung: Laupheim, Museum zur Geschichte von Christen und Juden, Schloss Großlaupheim.

Me 29  Toilettenspiegel,
Maastricht, um 1904. Urania – Erste Niederländische Fabrik für Kunstgewerbe in Metall. Zinn vergoldet. 47,8 x 30,0 x 17,2. Bez.: Urania 1155. Stilkritische Zuschreibung. München, Privatbesitz.
Ohne Vergoldung: Laupheim, Museum zur Geschichte von Christen und Juden, Schloss Großlaupheim.

Me 30  Entwurf zu einer Kaffeekanne

in Alpacca-Silber. München, November 1906 für die Berndorfer Metallwarenfabrik Arthur Krupp AG. Sig.: „A 06 Friedrich Adler München November 06". Berndorf, Oberösterreich, Archiv der Firma Berndorfer Metallwarenfabrik.

Me 31.1  Kaffeekanne,

Berndorf 1906. Alpacca-Silber. Hergestellt nach Entwurf Abb. Me 30. Für 4 Portionen, 0,7 Liter Inhalt, 20 g Silberauflage. Berndorfer Metallwarenfabrik.

Me 31.2  Teekanne,

Berndorf 1906. Alpacca-Silber. Für 4 Portionen, 1 Liter Inhalt, 24 g Silberauflage. Berndorfer Metallwarenfabrik.

Me 31.3  Milchkanne,

Berndorf 1906. Alpacca-Silber. Für 4 Portionen, 0,5 Liter Inhalt, 16 g Silberauflage. Berndorfer Metallwarenfabrik.

Me 31.4  Rahmkanne,

Berndorf 1906. Alpacca-Silber. Für 4 Portionen, 0,36 Liter Inhalt. 14 g Silberauflage, Berndorfer Metallwarenfabrik.

Me 31.5  Zuckervase,

Berndorf 1906. Alpacca-Silber. Für 4 Portionen, 0,5 Liter Inhalt. 18 g Silberauflage, innen vergoldet. Berndorfer Metallwarenfabrik.

Me 31.6  Staubzuckerschale,

Berndorf 1906. Alpacca-Silber. Dm 12. Silberauflage 12 g, innen vergoldet. Berndorfer Metallwarenfabrik.

Me 31.7  Suppentopf,

Berndorf 1906. Alpacca-Silber. Für 6 Portionen. Dm 18. 2,1 Liter Inhalt, 65 g Silberauflage. Berndorfer Metallwarenfabrik.

Me 31.8  Gemüseschüssel,

Berndorf 1906. Alpacca-Silber. Für 6 Portionen. Dm 18. 1,4 Liter Inhalt. 42 g Silberauflage. Berndorfer Metallwarenfabrik.

Me 31.9  Sauciere,

Berndorf 1906. Alpacca-Silber. Für 6 Portionen. 0,4 Liter Inhalt. L 17. 19 g Silberauflage. Berndorfer Metallwarenfabrik.

sich jedoch nicht ganz vom Werkstoff Metall abgewandt. Unter der Materialbezeichnung „Alpacca-Silber" bot die Berndorfer Metallwarenfabrik Arthur Krupp, Berndorf, Niederösterreich, und Esslingen a. N., im Verkaufskatalog 1911 ein Kaffee- und Teeservice sowie ein Speiseservice an, welches zweifelsfrei auf einen Adler-Entwurf von 1906 zurückgeht. Dies ist durch eine von Adler signierte und datierte Entwurfzeichnung der Kaffeekanne dokumentiert. Alpacca, eine Firmenbezeichnung von Berndorfer, die bald allgemein verwendet wurde, besteht aus einer Legierung aus mehrheitlich Kupfer, Nickel und Zink. Die Bezeichnung „Alpacca" ist für galvanisch versilberte Objekte dieses Werkstoffes heute noch geläufig, während nicht versilberte aus „Neusilber" bestehend gelten. Erhalten hat sich das aus demselben Werkstoff hergestellte Tafelbesteck von 1906, während von den genannten Kaffee-, Tee- und Speiseservicen keine Teile überliefert sind (Abb. Me 30 – Me 31.9). Bedauerlich, daß seit Jahren sowohl das Berndorfer Firmenarchiv als auch die Mustersammlung, in Kisten verpackt, keine Möglichkeit einer Sichtung bietet.

Bis zu Beginn der 1930er Jahre beschäftigte sich Adler mit Entwürfen für Metallobjekte, von denen sich allerdings vorwiegend nur Abbildungen erhalten haben, die weder Hersteller, Werkstoff noch Größe nennen. Der Vertrieb lag beim Deutsch-Nordischen Kunstgewerbehaus Erwin Magnus, Hamburg.

Schon um 1906 hatte Adler eine Bowle aus Neusilber entworfen, deren Behälter von einer Säulenkolumne getragen wird. Die Bowle aus Neusilber, ausgeführt von Eduard Hartmann, ist komplett auf einer Drehmaschine bearbeitet. Ein Exemplar ist nicht nachweisbar.

Me 1
(siehe Seite 62)

# Silber und Elfenbein

# Silber und Elfenbein (Si)

Abgesehen von zwei Tafelbestecken, die Adler für M. H. Wilkens und Söhne, Hemelingen bei Bremen, und 1909 für die Silberwarenfabrik Peter Bruckmann und Söhne, Heilbronn, entworfen hatte, handelt es sich ausschließlich um Einzelstücke. Das Bruckmann-Besteckmodell von Adler wurde im Ersten Weltkrieg auch aus Eisen, versilbert, zum Umtausch gegen Silberbestecke als vaterländische Spende angeboten.

In den USA wurden 2001 zwei Silberobjekte entdeckt, die durch das Monogramm „F. A." bzw. die Signatur „Adler" zweifelsfrei von Friedrich Adler entworfen wurden. Eine Weinkaraffe um 1903 mit schwerer Silbermontierung (Abb. Si 1) und ein dreiteiliges Rahmservice um 1904, signiert „Adler" (Abb. Si 2).

Si 1
Weinkaraffe

mit Silbermontierung, Heilbronn um 1903. Silberwarenfabrik Peter Bruckmann u. Söhne, Monogramm „F. A.", Silber gegossen. H 34,5. Geschliffenes Glas mit Blüten, hergestellt in der Gräflich Schaffgotschen Josephinen-Hütte, Schreiberhau im Riesengebirge. Privatbesitz.

Si 2   Rahmgarnitur,
Heilbronn um 1904. Silberwarenfabrik Peter Bruckmann u. Söhne. Silber, Rahmkanne und Zuckerschale innen vergoldet. Sign. „Adler". Vertrieb: Lameyer, Hannover. Tablett L 30; B 16,7. Rahmkanne H 9,7; Dm 5,5. Zuckerschale Dm 12,5; H 5,5. Privatbesitz.

Si 3   Zuckerdose,
1905, Hersteller wohl J. C. Wich, Nürnberg. Silber getrieben. Signiert und datiert: „A 05". 14,6 x 14,3 x 14,3. Bremen, Landesmuseum für Kunst und Kulturgeschichte.

Das Bremer Landesmuseums für Kunst und Kulturgeschichte besitzt eine in Silber getriebene Zuckerdose nach Adler-Entwurf mit Monogramm und Datierung „A 05". Sie ist floral-abstrakt mit Durchbrüchen verziert. Der ausführende Silberschmied ist nicht überliefert. Naheliegend ist, daß es sich um die Nürnberger Firma Johann Christian Wich handelte (Abb. Si 3).

Die Weltausstellung 1910 in Brüssel war für die Entwerfer und den Hersteller Bruckmann und Söhne sehr erfolgreich. Adlers Leuchterpaar und seine Jardiniere wurden mit dem Grand Prix ausgezeichnet.

„Die besten Edelmetallarbeiten treffen wir in den Glasschränkchen von Peter Bruckmann, Heilbronn ..." Zu Adlers Leuchter ist zu lesen: *„Diese Stücke sind sehr gewagt, doch kühn gelungen."* Doch kühne Entwürfe finden auch schnell ihre Kritiker. So schreibt Theodor Heuss, der spätere Bundespräsident: *„Friedrich Adlers großen Zuckerhut-Leuchter halte ich in der Grundform für verunglückt; schade, denn der Künstler ist ein erfindungsreicher Ornamentiker, wie ja die Zeichnung seiner Jardiniere offenbart."*[7]

Das angesprochene Leuchterpaar in fast monumentaler Größe ist für Adler eher untypisch. Schon die Anzahl der in zwei Ebenen angeordneten je zwölf Lichtträger

---

7   Theodor Heuss, Neue Arbeiten aus den Werkstätten P. Bruckmann und Söhne, Heilbronn, in „Kunst", 1911, Bd. 24, S. 42; 46.

Si 4
Brüssel, Weltausstellung 1910, Stand der Firma Peter Bruckmann u. Söhne. Gut sichtbar die Erzeugnisse nach Entwürfen Friedrich Adlers.

ist ungewöhnlich, und auch die filigranen Durchbruchornamente sind überreich. Im Laub- und Astwerk sitzen exotische Vögel, Ranken mit Früchteschoten, Korallen und Flechten mit Edelsteinbesatz wechseln sich ab. Verschränkt wirkende, gegossene und gepunzte Leuchterarme geben dem spitzen Leuchterbaum ein fürstliches Gepräge. In den Details von großer Schönheit, ist doch das Gesamtbild etwas verwirrend (Abb. Si 5).

Zurückhaltender und edel stellt sich die von Heuss erwähnte Jardiniere dar. Auf Grund der gleichen Ornamentik sind Leuchter und Jardiniere als Ensemble zu betrachten. Der konisch sich vergrößernde Standfuß mit Elfenbeinschuhen ist ebenfalls identisch. 1994 galten diese phantastischen Stücke als verschollen, und niemand glaubte sie je wiederzufinden, doch in jüngster Zeit sind sie nahezu schadlos wieder aufgetaucht. Vom Württembergischen Landesmuseum angekauft, sind sie der Öffentlichkeit wieder zugänglich (Abb. Si 6).

Von einem ursprünglich zehnteiligen Kaffee- und Teeservice haben sich noch fünf erhalten. Die einzelnen Teile nehmen, soweit es die Struktur der Deckel anbelangt, die zwei Jahre später entstandene Prunkbowle vorweg (Abb. Si 7). Griffe, Henkel und Knöpfe sind aus Elfenbein.

Adlers Silberbowle für das Nürnberger Gewerbemuseum und deren Odyssee wurde schon im Kapitel „Lebensbeschreibung" genannt.

Zum Kauf der Bowle 1910 haben sich keine Dokumente erhalten. In einem Beitrag über eine „Kollektiv-Ausstellung Friedrich Adler" von 1911 im Landesgewerbemuseum Stuttgart, die auch von seinen Schülern der Kunstgewerbeschule Hamburg beschickt wurde, wird über die Silberbowle berichtet: *„Überhaupt ist die Verarbeitung des Silbers Adlers rühmenswerte Stärke. Nehmen wir nur die im Besitz des Bayrischen Gewerbemuseums in Nürnberg befindliche, von Joh. Chr. Wich in Nürnberg ausgeführte Bowle. Sie ist aus Silber, Elfenbein und Email. Was uns an ihr wohl zuerst fesselt, ist die geschlossene Form, die fast silhouettenhafte Linie, innerhalb welcher sich bei näherer Betrachtung ein großer Reichtum ornamentalen Zierrats offenbart. Dadurch tritt dieser Tafelschmuck in Gegensatz zu den nach allen Richtungen auseinanderstrebenden Tafelaufsätzen, die man sonst zu fertigen liebt. Die Ornamentik des Korpus entstand durch Tiefersetzen des Grundes im Gegensatz zu der früheren Technik des Verschrotens und Treibens. Nur so war es möglich, eine Weichheit zu erreichen, welche dem Silberblech außerordentlich zuträglich und entsprechend ist."*[8]

Wäre dieses, in jeder Beziehung außergewöhnliche Kunstobjekt, nicht als Schaustück für ein Museum konzipiert gewesen, hätte es sicher niemals als Bowlegefäß gedient, allenfalls wie vorstehend bezeichnet, als

---

8 „Kunstgewerbeblatt von Württemberg", 1911, Heft 7, S. 53–54.

Si 5  Leuchter,
Heilbronn 1910. Silberwarenfabrik Peter Bruckmann u. Söhne.
Silber getrieben, Korallen. H 100, B 44. Württembergisches Landesmuseum Stuttgart.

Si 6  Jardiniere,
Heilbronn 1910. Silberwarenfabrik Peter Bruckmann u. Söhne.
Silber getrieben, Elfenbein. H 19,9, L 58, B 47. Württembergisches Landesmuseum Stuttgart.

**Si 5+6**

Dreiteiliges Ensemble von monumentaler Wirkung und entsprechenden Grunddaten: Gewicht des Leuchterpaares mit je 21 „Lichtern" 19.500 Gramm, der Jardiniere 3.195 Gramm. Der Aufwand für die Herstellung war immens; an Arbeitstagen und Kosten wurden für das Leuchterpaar (in Klammern für die Jardiniere) in den Firmenunterlagen notiert: Formen und Guß 12 Tage / 75.- (-), Gußmodell ziselieren 9 Tage 7 / 63.- (-), Silberarbeiten 50 Tage / 300.- (11 Tage / 77.-), ziselieren 141 Tage / 987.- (38 Tage / 266.), so daß die Facon, d. h. der Herstellungspreis inkl. aller Nebenkosten jedoch ohne Silber sich für das Leuchterpaar auf RM 5.000,-, die der Jardiniere auf RM 1.600,- beliefen. Eingerechnet sind Entwurfskosten in Höhe von RM 275,- bzw. 125,- und Modellkosten in Höhe von RM 100,- bzw. 50,-. Bei einem Silberpreis von RM 80,- / kg hätte die Garnitur ca. 12.000 RM kosten müssen. Der durchschnittliche Bruttoarbeitslohn eines Arbeiters belief sich im gleichen Jahr auf 1.078,- RM. Die ungewöhnliche Form der Leuchter hatte schon bei den Zeitgenossen unterschiedliche Bewertungen hervorgerufen. Robert Bauer bemerkt dazu: *„Feierliche Leuchter von Adler; spitzgerollte Pyramiden aus Laubwerk, in den Blattwinkeln sitzen Vögel, Korallen blühen, die Leuchterarme wachsen als Zweige. Diese Stücke sind sehr gewagt, doch kühn gelungen."* Peter Bruckmann jr., der Auftraggeber dieser Prunkgarnitur, faßt ein Jahr später resümierend zusammen: *„Friedrich Adler, Hamburg, hat die großen reich ziselierten Leuchter, die dazugehörende Fruchtschale und ein originelles Service entworfen. Th. Heuß in der „Kunst" erklärt die Leuchter für mißlungen, Robert Bauer in dem Buch „Deutschlands Raumkunst usw. auf der Brüsseler Weltausstellung" findet sie „kühn erdacht und kühn gelungen". Was verbüffte, war die Form der Leuchter, und doch geht sie auf den Christbaum der Hallig, jenen hölzernen Ersatz fürs Fichtenbäumchen, zurück, den Adler in echtem Materialempfinden umgedacht hat. Der aufwendige Durchbruchdekor an allen Teilen mit Spiralranken, lanzettförmigen Blättern und Vögeln steht in der Tradition volkstümelnd-romantisierender Grafik (z.B. Heinrich Vogeler) sowie einer besonders in der Münchner Debschitzschule geprägten Zierkunst, die ihre Wurzeln in der Ornamentik der Spätgotik wie auch der islamischen Kultur haben mag. Die Garnitur bildete das zentrale Ausstellungsensemble in den Vitrinen der Fa. Bruckmann auf der Weltausstellung in Brüssel 1910 und wurde mit dem „Grand Prix" ausgezeichnet."* (S. Ausstellungskatalog „Silber aus Heilbronn für die Welt - P. Bruckmann und Söhne (1805-1973)", S. 134-135) Die bis dato als verschollen geltende Garnitur konnte 1999 vom Württembergischen Landesmuseum Stuttgart erworben werden.

Si 7
Kaffee- und Teeservice, Heilbronn 1908. Silberwarenfabrik Peter Bruckmann u. Söhne. Fünf Teile des ursprünglich zehnteiligen Service. Silber gedrückt und getrieben. Elfenbein. Bez.: 800, Krone, Halbmond, Firmenmarke, 11 Mod. 9680. Privatbesitz.

kostbarer Tafelaufsatz. Dies auch, wenn die Konstruktion mit abnehmbarem Deckel, dem allerdings die Aussparung für den Schöpfer fehlt, einer Bowle nahesteht (Abb. Si 8).

### Elfenbeinschnitzerei

Die Meisterkurse des Nürnberger Gewerbemuseums, die Friedrich Adler in vier Kursen von 1910 bis 1913 leitete, waren geprägt durch Adlers hohe Ansprüche, die nach ungewöhnlichen Entwürfen, hoher handwerklicher Perfektion und der Verwendung edler Materialien verlangten. Mit Friedrich Adler hatte das Bayrische Gewerbemuseum für seine letzten vier kunstgewerblichen Meisterkurse einen Lehrer berufen, den eine hohe fachliche Kompetenz ebenso auszeichnete wie pädagogisch-didaktische Fähigkeiten im Umgang mit Schülern. Adlers Bemühungen fanden vielfach, so auch im späteren Erfolg seiner Schüler, ihre Bestätigung. Auf Grund ihrer Fachkenntnisse wurden einige von ihnen in den 20er Jahren auf Wunsch des inzwischen in Bayrische Gewerbeanstalt umbenannten Gewerbemuseums selbst mit der Durchführung von Fachkursen betraut.

Fruchtbar war die Zusammenarbeit Adlers mit dem acht Jahre älteren Elfenbeinschnitzer Emil Kellermann (Berlin 1870 – Nürnberg 1934), der als Schüler an allen von Adler geleiteten Meisterkursen teilnahm. Zwischen Lehrer und Schüler entwickelte sich eine erfolgreiche Zusammenarbeit von hohem künstlerischen Niveau, deren Ergebnisse heute im Rittersaal des Gewerbemuseums der Landesgewerbeanstalt im Germanischen Nationalmuseums ausgestellt sind. Emil Kellermann studierte nach einer Ausbildung als Graveur an der Berliner Akademie in der Bildhauerklasse von Reinhold Begas. In Nürnberg seit 1894 in einem Bildhauer-Atelier beschäftigt, war er seit 1910 selbstständiger Elfenbeinschnitzer.

Die Entwürfe Adlers für Elfenbeinschnitzereien wurden ausschließlich von Emil Kellermann ausgeführt. Die Verarbeitung des edlen Materials geschah meist in Verbindung mit Silber, das sich als Werkstoff für den Zusammenhalt der Elfenbein-Segmente eignete und als gegossenes oder getriebenes Ornament zum Gesamtwerk beitrug. Die Wertschätzung des Silbers war der des Elfenbeins gleichwertig. Als Silberschmied ist J. C. Wich naheliegend. Die beiden Werkgruppen wurden im vorliegenden Buch zusammengeführt.

Die Mädchengestalt „Inspiration" von 1911 steht hochaufgerichtet auf Zehenspitzen auf einer Opal-Halbkugel. Ihre Arme hält sie angewinkelt empor. Mit der rechten Hand weist sie zum Ebenholz geschnitzten, Elfenbein und Gold intarsierten Adler hin, der auf ihrem linken Handrücken sitzt (Abb. Si 9).

Ebenfalls 1911 entwarf Adler die Tischlampe „Frauenlob", die Emil Kellermann ausführte. Als Werkstoffe wurden Elfenbein, Makassarholz (Sandelholz aus Celebes) und Silber verwendet. Dieses elektrische Beleuchtungsgerät wurde nie als solches verwendet wegen seiner hohen Empfindlichkeit, denn eine Lichtquelle, die dazu noch Wärme entwickelt, ist für Elfenbein in hohem Maße schädlich. 1912 wurde die Lampe vom Gewerbemuseum Nürnberg angekauft, wo sie noch heute als besonders anspruchsvolles Schaustück präsentiert wird.

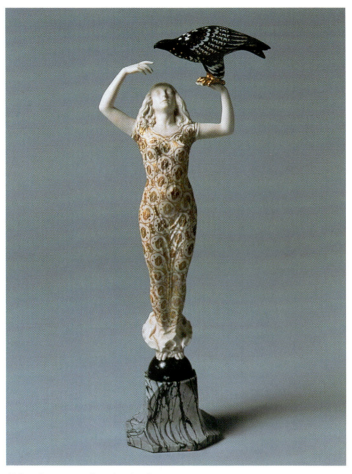

Si 9 Statuette „Inspiration",

Nürnberg 1911. Friedrich Adler und Emil Kellermann. Holz, Elfenbein, Gold. Opal, Marmor (Sockel). H 61,0. Bez.: „A" (für Friedrich Adler) vorne zwischen den Füßen, „EK" (für Emil Kellermann) an der Rückseite. Nürnberg, Gewerbemuseum der LGA im Germanischen Nationalmuseum.

Si 10
Tischlampe „Frauenlob", Nürnberg 1911. Friedrich Adler und Emil Kellermann. Holz, Silber getrieben, gegossen, Elfenbein, Perlmutt. Sign. auf vier Platten, 3 x „EK", 1 x „A". H 51,5; Dm 17,5. Nürnberg, Gewerbemuseum der LGA im Germanischen Nationalmuseum.

Si 11
Tischlampe „Frauenlob", Mädchen blickt in den Handspiegel. Elfenbeinplatte.

Si 12
Tischlampe „Frauenlob", Frau mit Kind in den Armen. Elfenbeinplatte.

Si 13
Tischlampe „Frauenlob", Geige spielendes Mädchen. Elfenbeinplatte.

Si 14
Tischlampe „Frauenlob", Mädchen mit Blumengirlande und Schmetterling. Elfenbeinplatte.

Aus dem runden Standfuß aus Holz mit acht ornamentierten Elfenbeinsegmenten wächst ein Schaft, in dessen Mitte eine ornamentierte Verdickung aus Elfenbein als Handgriff dient. Am weitergehenden Schaft sind drei silberne Stützen, die den Lampenkörper tragen. Dieser besteht aus vier gewölbten Elfenbeinplatten, die eine Rundform ergeben. Sie zeigen reich mit Pflanzen, Blüten und – bei zwei Platten – mit Vögeln umrankte Frauengestalten. Ein Mädchen betrachtet sich in einem Handspiegel, eine Frau hält ein Kind in den Armen, ein Mädchen spielt Violine. Die vierte hält eine Blumengirlande, auf der Schmetterlinge sitzen. Drei Platten tragen Kellermanns, die der Violinespielerin Adlers Monogramm. Der gewölbte Abschluß besteht aus vier in Silber gefaßten Elfenbeinsegmenten mit floraler Durchbruchornamentik und krönendem Elfenbeinknauf (Abb. Si 10, Si 11 bis Si 14).

Si 15  Friedrich Adler (Mitte) und
Emil Kellermann (Zweiter von links)
während des Meisterkurses 1911.

Das als Prunkbowle „Noris" (Schutzkönigin der Stadt Nürnberg) bezeichnete Objekt ist nie als Getränkegefäß vorgesehen gewesen, allenfalls als kostbarer Tafelschmuck. Es ist ein überschwängliches Werk der Elfenbeinschnitzkunst und der Silberschmiedekunst, das seinesgleichen sucht. Ein Werk, das bestimmt schon bei der Anfertigung als Ausstellungsstück für das Germanische Nationalmuseum vorgesehen war. Beim Anteil der kunsthandwerklichen Arbeit überwiegt Kellermanns Elfenbeinschnitzerei. Die einzelnen Elemente wechseln in konkaven und konvexen Formen. In den kleineren konvexen Platten spielen Putten im Laubwerk mit Blüten aus Bernstein. In den größeren konkaven Platten sind es Frauen und Männer, denen Symbole der Berufsstände beigegeben sind. Ihre geschwungenen Kleider sind mit Goldauflagen verziert. Im reich ornamentierten Deckel aus Silberblech sind Schildpatt- und Elfenbein-Einlagen. Darüber thront die gekrönte Noris, im Brustschild das Wappen Nürnbergs. Im Arm hält sie ein Früchte-Füllhorn, welches den Wohlstand und das blühende Leben der Stadt symbolisiert (Abb. Si 16).

Zwei gleichförmige Handspiegel entwarf Adler 1912. Ihre identische Grundform steht dem Historismus nahe.

Si 16  Prunkbowle Noris,
Nürnberg 1913/14. Friedrich Adler, Emil Kellermann und J. C. Wich, Nürnberg. Ebenholz, Silber getrieben, gegossen, Elfenbein, Schildpatt, Bernstein, Perlmutt. H 43,0; Dm 33,5. Bez.: „A", „EK", „J. C. Wich, Nürnberg". Nürnberg, Gewerbemuseum der LGA im Germanischen Nationalmuseum.

In einer Silbermontierung sind Handgriff und Spiegelrückseite aus Elfenbein. In einer Ausführung, die nur als Foto überliefert ist, ist als Darstellung im geschnitzten Spiegelrücken in einem Blumenkranz der Bayrische Löwe. Im zweiten Exemplar ein kniendes Kind mit geschulterter Blume.

# Schmuck-Entwürfe (Sch)

Der Umfang von Adlers Schmuckentwürfen ist eher bescheiden. Überliefert sind neunzehn, die in den Jahren zwischen ca. 1900 und 1923 entstanden sind. Zur Ausführung kamen wohl sechzehn, wovon sich nach heutigem Wissensstand acht erhalten haben. Die ersten durch zeitgenössische Abbildungen nachgewiesenen Broschen sind Entwürfe, die vermutlich nicht zur Ausführung kamen, während alle anderen Objektdarstellungen sind. Ohne Zweifel sind die interessantesten und aufwändigsten Schmuckstücke in den Jahren von Adlers Lehrtätigkeit an der Debschitzschule in München und in den ersten Jahren seiner Hamburger Lehrtätigkeit entstanden, dabei blieben seine Entwürfe bis 1910 dem Münchner Stil treu.

Der Jugendstil brachte auch den kostbaren mehrteiligen Halsschmuck, das Kollier, wieder in Mode, und die Künstler der Zeit, so auch Adler, befaßten sich mit dem Entwurf dieses anspruchsvollen Halsschmuckes.[9] Das Silber-Kollier von 1905 ist wie alle von Adler entworfenen Schmuckstücke ein Unikat. Im Gegensatz zu seinen Objekten aus unedlem Metall wie Messing, Zinn und Kupfer, die in Gießereien und Kunstwerkstätten in unterschiedlichen Stückzahlen hergestellt wurden, ist Schmuck meist für Freunde und Verwandte entworfen und hergestellt worden. Um so bemerkenswerter ist, daß eben diese nicht so zahlreichen Arbeiten in Fachzeitschriften viel Beachtung fanden. Schon 1901 wurden einige davon in einem Bericht über das fünfzigjährige Jubiläum des Bayrischen Kunstgewerbevereins abgebildet.

Die harmonische Komposition eines dieser Schmuckstücke, das von einem Netz zierlicher Kettchen zusammengehalten wird, wirkt ganz selbstverständlich und überzeugend, zumal die besondere Eigenschaft des Materials, neben Silber auch Opale und Perlen, gekonnt zur Wirkung gebracht wurden. Jedes der einzelnen Schmuckglieder korrespondiert mit den übrigen, sich steigernd, wurzelartig wuchernd und in sich klammernd, zum reich ornamentierten, mit einer großen Perle und Opalen verzierten Mittelstück. Den Abschluß bildet wiederum ein jeweils an zwei Kettchen gehängter, großer Opal in einer dreieckförmigen Fassung (Abb. Sch 2).

Sch 2 Kollier,
München, 1905/06. Schüler der Metallwerkstätte der Lehr- und Versuchs-Ateliers für angewandte freie Kunst, Wilhelm von Debschitz, München. Privatbesitz.
Silber, Brillant, Perlen. L 39,4. Bez.: 800, Mond, Krone.

Das wenig später entstandene Kollier (1905/06) steht unter dem stilistischen Einfluß von Hermann Obrist. Die sensible Gestaltung mit vegetabiler Ornamentik erinnert an den Wurzelstock eines Baumes, der sich in einer konvex gewölbten Kartusche mit einem mittig gefaßten Zirkon vereinigt. Darunter hängt an zwei Kettchen eine dreieckige Schmuckplatte mit Perle. Eine doppelreihige Kette mit je einer längs-rechteckigen Schmuckplatte und Perle stellt die Verbindung zu einem formschönen Verschluß her[10] (Abb. Sch 3).

Weitere Kolliers (Abb. Sch 4, Sch 5, Sch 6) in diesem handwerklich sehr aufwändigen Stil haben sich in zeitgenössischen Abbildungen erhalten, woraus hervorgeht, daß Adler in seinem Schmuckschaffen den Stil der Münchner Debschitzschule, besonders den von Hermann Obrist, bis ca. 1910 weiterführte.

---

9 Siehe hierzu: Ulrike von Hase-Schmund, Friedrich Adler-Katalog, 1994, S. 210–231.

10 „Die Kunst", 1906, Bd. 14, S. 334/35.

Sch 3 Kollier,

München, 1905. Marie Herberger in der Metallwerkstätte der Lehr- und Versuchs-Ateliers für angewandte und freie Kunst, Wilhelm von Debschitz, München. L 50,8. Silber, Opale, dunkle Halbperle. Bez.: „A 05". Privatbesitz.

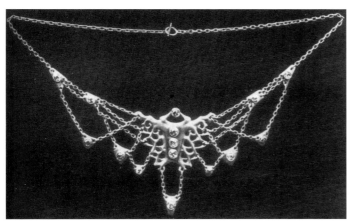

Sch 4 Kollier,

München, 1905/06. Fritz Schmoll von Eisenwerth in der Werkstätte der Lehr- und Versuchs-Ateliers für angewandte und freie Kunst, Wilhelm von Debschitz, München. Silber oder Gold getrieben, Brillanten. Existenz nicht nachweisbar.

Sch 5 Kollier,

München, 1905/06. Lehr- und Versuchs-Ateliers für angewandte und freie Kunst, Wilhelm von Debschitz, München. Silber, Brillanten, Almandin. Existenz nicht nachweisbar.

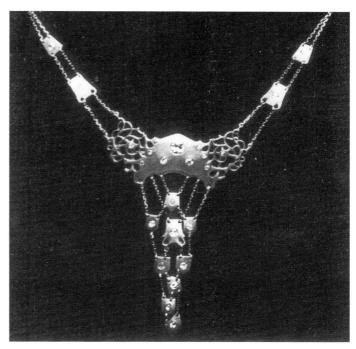

Sch 6 Kollier,

München, 1905/07. Walter Haggenmacher in der Metallwerkstätte der Lehr- und Versuchs-Ateliers für angewandte und freie Kunst, Wilhelm von Debschitz. Silber, Brillanten. Existenz nicht nachweisbar.

Sch 7 Brosche,

wohl Hamburg, 1909. Hersteller nicht nachweisbar. Gold, Amethyst. 2,8 x 2,8. O. Bez. Privatbesitz.

Die Broschen (Abb. Sch 7–12) aus den Jahren zwischen 1910 und 1923 lassen den Stilwandel und die Abkehr von München und die Zuwendung zum Wiener Stil erkennen, welcher auf den Einfluß des Wieners Carl Otto Czeschka, der ebenfalls an der Hamburger Kunstgewerbeschule lehrte, zurückzuführen ist. Der Elfenbein-Anhänger bzw. die Brosche ist ein Beispiel dafür. In hochovaler Form sitzt ein anmutiger Mädchenakt auf einem Ast mit stilisierten Fuchsienblüten, darunter blühen Tulpen. In diese Schmuckkategorie gehören auch eine Brosche und ein Anhänger, Elfenbein geschnitzt. Sie stellen zum einen dar ein Kind auf einer Blumenschaukel und zum anderen ein knieendes Kind, einen Opal in den Händen haltend. Adlers letzter bekannter Schmuck aus den frühen 1930er Jahren ist ebenfalls ein

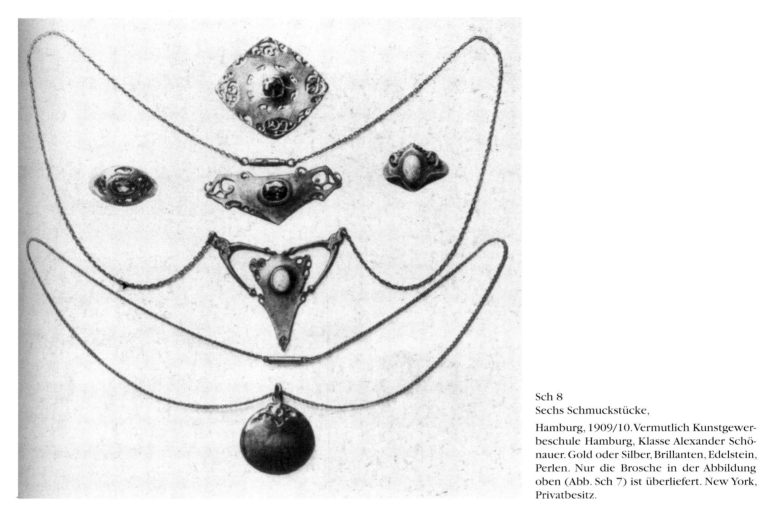

Sch 8
Sechs Schmuckstücke,

Hamburg, 1909/10. Vermutlich Kunstgewerbeschule Hamburg, Klasse Alexander Schönauer. Gold oder Silber, Brillanten, Edelstein, Perlen. Nur die Brosche in der Abbildung oben (Abb. Sch 7) ist überliefert. New York, Privatbesitz.

Sch 9 Anhänger, bzw. Brosche,

Nürnberg und/oder Hamburg, 1912. Vermutlich Emil Kellermann. Elfenbein, Silber. 6,5 x 4,5. Bez.: „A", Silber: 800. Stuttgart, Privatbesitz.

Sch 10 Brosche, „Kind auf Blumenschaukel",

Hamburg, 1912/13. Emil Kellermann oder Kunstgewerbeschule Hamburg. Elfenbein, Silber. 6,4 x 4,4. Bez.: 295. Privatbesitz.

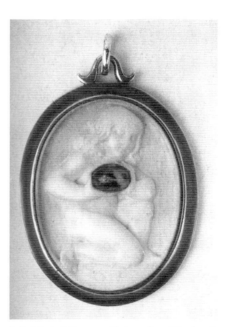

Sch 11 Anhänger, „Knieendes Kind mit Opal",

Nürnberg oder Hamburg, 1913. Emil Kellermann oder Kunstgewerbeschule Hamburg. Silber, Elfenbein. 6,4 x 4,4. Privatbesitz.

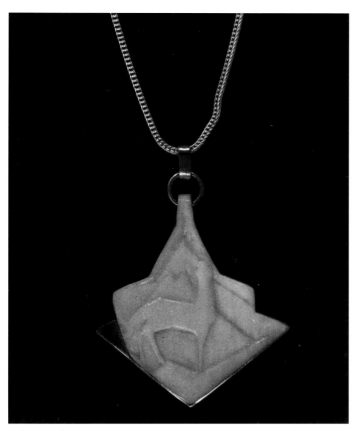

Sch 13
Anhänger,

Hamburg oder Ulm, um 1923. Christian Kay oder Goldschmied Merath, Ulm. Gold, Amethyst. 5,0 x 4,0. Privatbesitz.

Anhänger. Ein großer facetten-geschliffener Amethyst wird filigran von Blütenstengeln und Glockenblumen gerahmt. Diese Ornamentik erinnert an Adlers Grabstein- und Textilentwürfe jener Zeit (Abb. Sch 13).[11]

Sch 12 Anhänger,

„Reh vor Gebirge", Hamburg, um 1921. (Silberfassung nach Schaden 1985). Ausf.: Friedrich Adler oder Kunstgewerbeschule Hamburg. Elfenbein, Silber. 4,2 x 3,4 (ursprünglich 3,8), Bez.: „A". Laupheim, Privatbesitz.

---

11 Ulrike von Hase-Schmund, Friedrich Adler-Katalog, 1994, S. 214–231.

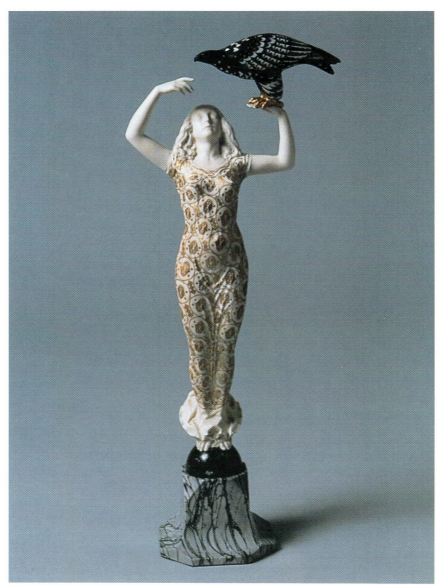

Si 9
(siehe Seite 78)

# Möbel und Innenarchitektur

# Möbel und Innenarchitektur (M)

Schon früh hatte sich Adler mit Möbeln beschäftigt, auch wenn es sich zunächst nur um Details handelte, wie aus der 1900/01 publizierten Zeichnung einer Stuhllehne mit Applikationsstickerei hervorgeht. Bei der „1. Internationalen Ausstellung für moderne dekorative Kunst" in Turin 1902 geht die Raumgestaltung für die Württembergische Landesgruppe maßgeblich auf Friedrich Adler zurück, nicht jedoch die ausgestellten Möbel. Dies entgegen zeitgenössischer Publikationen. Gesichert für Adler sind die Entwürfe für den Wand- und Deckenstuck. Aus diesem Grund sind die Abbildungen im Kapitel „Bauplastik-, Stuck- und Mosaikentwürfe" zu finden.

Doch hier ein paar Zeilen zu dieser Ausstellung. Selten wurde eine solche mit so harscher Kritik bedacht wie diese.[1] Demnach war die Organisation mangelhaft, einige Ausstellungshallen nur teilweise betretbar, weil noch nicht fertiggestellt. Raumbezeichnungen, Objektbeschreibungen – und damit die Nennungen der Entwerfer – fehlten, was Verwechselungen und falsche Aussagen nach sich zog. Dieses führte auch dazu, daß Adler für alle Teile der Räume der Württembergischen Landesgruppe als Entwerfer angesehen wurde. Tatsächlich gingen die Sitzmöbel auf Bernhard Pankok[2], die geschnitzten Wandpaneelen auf Rudolf Rochga[3] zurück.[4]

In der zeitgenössischen Fachpresse und in Tageszeitungen wurden viele Berichte über Adlers Möbel geschrieben. Wiederholt hatte auch der „Laupheimer Verkündiger" solche abgedruckt:

*„Friedrich Adler, Lehrer in den Lehr- und Versuchs-Ateliers für freie und angewandte Kunst (W. v. Debschitz), stellt einen Mahagonisalon, verschiedene Einzelmöbel, Schmuck, Metallarbeiten, Textilien und Entwürfe für Architekturplastik aus. Adler gehört zu den geschmackvollsten jüngeren Möbelkünstlern, die München gegenwärtig besitzt. Sein Mahagonisalon vereinigt den edlen Holzton mit der Silberfarbe der*

M 1  Von einer kompletten Speisezimmereinrichtung, die der Laupheimer Fabrikant Anton Bergmann für die Aussteuer seiner Tochter Elsa, verheiratete Wallersteiner, von Adler entwerfen und durch Rechtsteiner herstellen ließ, haben sich noch Teile erhalten. Das Zimmer mußte bei der Emigration zurückgelassen werden. (o. Abb.)

M1.1  Buffet,
Laupheim, 1905.
Eiche massiv, Kristallglas, Messingbeschläge, Keramikfliesen von J. J. Scharvogel. 232 x 206 x 61. Ulm, Privatbesitz.

M 1.2
Standuhr,
1905.
218 x 58,5 / 46,5 x 23,5.
Ulm, Privatbesitz.

---

1 W. Fred, „Die Kunst", 1902, Bd. 6, S. 393–407 und 433–453.
2 Bernhard Pankok, Münster/Westfalen 1872 – München 1943. Nachmaliger Direktor der Staatl. Kunstgewerbeschule Stuttgart.
3 Rudolf Rochga, geb. 1875 Teterow – 1957. Nachmaliger Professor an der Staatl. Kunstgewerbeschule Stuttgart.
4 Heike Schröder, Württembergisches Landesmuseum Stuttgart. Hinweise und Richtigstellungen zur Turiner Ausstellung 1902. Mitteilung 16.01.2001.

*Beschläge und dem Grau des gemusterten Polsterplüsches zu einem Akkord von delikater Feinheit. Allen seinen Formen haftet etwas ungemein Überzeugendes an. Sie sind notwendig, so wie sie sind. Diese Notwendigkeit ist aber nicht eine rein technische, sie ist künstlerischer Natur und ist freie künstlerische Tat. Denn die Konstruktion allein vermag niemals zu überzeugen. Besonders wohlgelungen findet man das Zierschränkchen und den Bücherschrank. Man freut sich der ungelogenen Kultur, die in diesen Arbeiten zum Ausdruck kommt. Jede Linie erzählt von liebevollem Durchdenken, keine bleibt im Problematischen stecken. Die Einfachheit, die allen modernen Innenkünstlern Gesetz (manchmal auch – Eselsbrücke) ist, hat sich auch Adler zur Richtschnur genommen. Aber innerhalb dieser Schranke spielt eine schöne Gestaltungskraft. Adler gliedert seine Möbel übersichtlich und klar, läßt hier ein Fach offen, schließt die anderen mit Glasscheiben zu, bringt da und dort eine Linie in gefällige Bewegung, versieht die Stützen mit anspruchslosen Eindrehungen, legt in leere Flächen kleine schwarze Intarsien mit Perlmutterviereckchen und gibt dem ganzen wohlabgewogene, anmutige Verhältnisse – so entsteht die keusche, sanfte Schönheit, die diese Arbeiten auszeichnet."*[5]

Adlers Möbel sind bis ins kleinste Detail konstruiert. Seine Füllungen stehen in Harmonie zu jeder Fläche des Möbels und diese zum Interieur der ganzen Möblierung eines Raumes. Beschläge, oft handwerklich hergestellt, wären eigene Studien wert, selbst die Befestigungselemente der Beschläge haben stilistische Funktionen. Schweres und Blockhaftes ist vermieden, Bedienungsfunktionen sind wohlüberlegt. Und immer sind der logische, materialgerechte Aufbau und die sinnvolle handwerkliche Anfertigung berücksichtigt. Ein Gestaltungselement, welches Adler gerne anwendet, um Kanten zu beleben, sind halbrunde Kerben. Frühe Stühle haben das Grundmuster eines Bauernstuhls, der in neuer Form auch Sitzkomfort bietet.

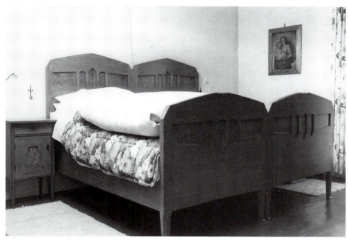

M 2  Schlafzimmergarnitur,
1905. Ausf.: Philipp Rechtsteiner. Rüster massiv und auf Eiche furniert. Füllung aus Ulmenmaser. Keramikfliesen. Kristallgläser und Spiegel. Laupheim, Privatbesitz.

M 1.3
Vier Stühle,
1905. Bezug Leder. 48 / 106 x 50 x 47. Ulm, Privatbesitz.

Der Laupheimer Kunstschreiner Rechtsteiner, der viele Möbel für Friedrich Adler herstellte, stand über Laupheim hinaus im Ruf, ein hervorragender Fachmann zu sein. Er fertigte Möbel nach Adlers Entwurf für Kunden im großen Umkreis. So sind Lieferungen nach Ulm, Konstanz und Wiesbaden nachgewiesen. Es gibt auch Korrespondenz von 1904 zu Möbeln, die Philipp Rechtsteiner nach Adlers Entwurf für den Bruder Carl Laemmles, Sigmund, nach Konstanz lieferte, doch erst ab ca. 1905 sind Möbel überliefert. Er fertigte auch ein lackiertes Schlafzimmer in Serie, von dem sich jedoch keines erhalten hat.

Die Laupheimer Werkzeugfabrik LW, vormals Josef Steiner und Söhne, produzierte 1908 eine Serie von mindestens sechs Varianten an Werkzeug-Wandschränkchen, deren Inneres auch als Pfeifenschränkchen installiert werden konnte (Abb. M 8, M 9, M 10).

---
5 „Laupheimer Verkündiger", 17.3.1906, übernommen von „Münchner Post".

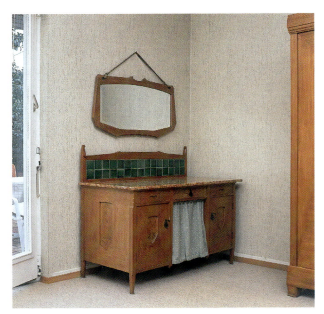

M 2.1 Waschtisch
mit grünen Keramikfliesen, rote Marmorplatte. 77 / 106 x 126,5 x 63. Laupheim, Privatbesitz.

M 2.2 Spiegel.
53 x 96. Laupheim, Privatbesitz.

Sehr groß ist die Zahl kompletter Wohnungseinrichtungen für meist hohe Ansprüche, von denen zwar Fotos erhalten sind, deren Existenz aber nicht mehr nachzuweisen ist, auch solche nicht, die bei Ausstellungen präsentiert wurden. Dies gilt für den Raum der Lehr- und Versuchsateliers auf der Bayrischen Jubiläums-Landesausstellung Nürnberg 1906 oder für die Ausstellung „Bemalte Wohnräume" in Hamburg 1910–1911.

M 2.3 Stuhl.
Bezugsstoff erneuert. 44 / 96 x 40 x 43. Laupheim, Privatbesitz.

M 3 Bücherschrank,
1906. Ausf.: Philipp Rechtsteiner. Mahagoni massiv und auf Eiche furniert. Intarsien aus Perlmutt und Ebenholz. Versilberte Messing-beschläge. Kristallglas. 200 x 180 x 60. Aus dem Besitz von Familie Edmund Adler. Laupheim, Privatbesitz.

Ein weiterer Bericht aus dem Laupheimer Verkündiger:

*„Laupheim. Die Einladung des Herrn Ph. R e c h t s t e i n e r, mechanische Werkstätten für Wohnungseinrichtungen, zur Besichtigung seiner nach Wiesbaden bestimmten Möbel ist am Dienstag so zugkräftig gewesen, daß die Zahl der Besucher mehrmals überraschend groß gewesen ist. Und in der Tat, der Besuch war alles wert; denn noch niemals ist in Laupheim so Schönes gesehen worden. Nicht allein die Ausführung des modernen Stiles von dem Künstler Friedr. A d l e r in Hamburg hat allgemeine Bewunderung erregt, sondern die staunenswerte Exaktheit und Feinheit der mechanischen Arbeit hat aller Augen gefesselt. Der Grundton der aus Ahorn gefertigten Möbel ist ein wunderbar ansprechendes glänzendes Grau. Der Ankleideschrank, außen mit 3 Prachtspiegeln versehen, zeigt im Innern die Farbe des Ahorn. Ganz ebenso brilliert der dreiteilige Weißzeugkasten samt dem prächtig eingelegten Waschtische. Die zweischläfrige Bettstelle zeigt in den Kopfteilen wunderbar schimmernde Nachahmungen farbiger Edelsteine und dennoch ist alles aus Farbholz gearbeitet. Die ganze Arbeit zeigt einen Fleiß, eine Genauigkeit und*

M 3.1
Detail des Bücherschranks
M 3. Versilberter Messingbeschlag.

M 3.2
Detail des Bücherschranks
M 3. Versilberter Messingbeschlag. Intarsien mit Adler-Monogramm.

M 4
Wohnzimmerschrank, 1908. Ausf.: Philipp Rechtsteiner. Rüster auf Eiche furniert. Intarsien: Perlmutt, Ebenholz, Kristallglas. 230 x 122 x 52. Laupheim, Privatbesitz.

M 5
Stuhl, 1908. Ausf.: Philipp Rechtsteiner. Bezugsstoff erneuert. 43 / 98 x 47 x 45. Laupheim, Privatbesitz.

*einen Schönheitssinn, welche über alles Lob erhaben ist. Wir gratulieren den beiden Künstlern, dem Genie des Zeichners wie dem mechanischen Darsteller Ph. Rechtsteiner von ganzem Herzen. Uns selbst hat der moderne Toilettentisch in seinen dreiteiligen Spiegelseiten, in seinen wunderhübschen farbigen Einlagen mit den nötigen Schubfächern am besten gefallen, insofern er die Ecke des Schlafzimmers auf das hübscheste ziert und den Eintretenden frappiert ..."*[6]

Schon früh haben sich geschäftliche Beziehungen zwischen Friedrich Adler und Philipp Rechtsteiner ergeben, das läßt sich aus der wenigen erhaltenen Korrespondenz von 1904/05 entnehmen, in denen Zeichnungen besprochen, Kundenwünsche, Empfehlungen über die Wahl des Bildschnitzers oder Verwendung von Hölzern gegeben wurden. Abgesehen von den Werkstätten der Debschitz-Schule München, den Lehr- und Versuchswerkstätten Stuttgart, waren es außer dem Laupheimer Philipp Rechtsteiner, die Göppinger Firma Seitz und Replitz sowie Wilhelm Sievers, Hamburg, die in größerem Umfang für Adler arbeiteten, bzw. seine Entwürfe realisierten. Für den Laupheimer Fabrikanten Theodor Kekeisen fertigte Rechtsteiner nach Adlers Entwurf ein Schlafzimmer, das sich komplett erhalten hat. Stilistisch steht es dem Münchner Jugendstil von Hermann Obrist und Richard Riemerschmid nahe (Abb. M 2.1, M 2.2).

Im selben Jahr stellte Rechtsteiner eine Speisezimmer-Einrichtung her, an der eine Versachlichung gegenüber dem zuvor genannten Schlafzimmer sichtbar wird. Die nicht vollständig überkommenen Stücke aus massivem Eichenholz sind in Bestzustand erhalten und zeugen vom Können des Entwerfers und des Herstellers (Abb. M 1.1, M 1.2, M 1.3).

Von Adlers Ideenreichtum und Schaffenskraft auf dem Gebiet der Inneneinrichtung zeugen eine größere Anzahl von Fotos verschollener Wohnungseinrichtungen. Begründet liegt dies sicher darin, daß viele jüdische Kunden von Adler-Entwürfen Gebrauch gemacht

---
6 „Laupheimer Verkündiger", 21.1.1909

M 6 Flügel,

1906. Pianofabrik Schiedmayer, Stuttgart. Material und Maße unbekannt. Aus dem Besitz des Bruders Edmund Adler, Laupheim. Privatbesitz Großbritannien.

M 7 Flügel,

Abb. M 6, Detail. Intarsien Perlmutt, Obstholz.

M 8
Werkzeugschränkchen
für Privathaushalt, 1906. Laupheimer Werkzeugfabrik LW, vorm. Josef Steiner und Söhne, Buche gebeizt mit Perlmutt und Obstholzintarsien. 76 x 38 x 19. Laupheim, Privatbesitz.

M 9
Pfeifenschränkchen,
1906. Laupheimer Werkzeugfabrik LW, vorm. Josef Steiner und Söhne. Buche, versilberte Messingbeschläge, Gußeisenhalterungen für Raucherutensilien. 95 x 44 x 19,5. Laupheim, Privatbesitz.

M 10 Werkzeug- oder Pfeifenschränkchen,
1906. Laupheimer Werkzeugfabrik LW, vorm. Josef Steiner und Söhne. Material, Maße und Verbleib unbekannt.

haben, die vor ihrer Flucht die Möbel verschleudern mußten, oder sie wurden bei der Emigration in Containern für Schiffstransporte verpackt, jedoch nicht verladen, und der Inhalt ging durch dunkle Kanäle zu neuen Besitzern. Als nach dem Zweiten Weltkrieg ehemalige jüdische Besitzer sich um Rückkauf der aus der Not heraus weit unter Wert überlassenen Möbel und anderen Güter bemühten, wurde diesen Wünschen nur ganz vereinzelt nachgekommen.

Für eine Garnitur, bestehend aus Tisch und sechs Stühlen, 1909 von Ph. Rechtsteiner hergestellt, ist der Entwurf des Tisches etwas früher, ca. 1907, entstanden; dafür spricht die elegante, schlichte Jugendstilform. Die Original-Velourbezüge der Stühle gehen sicher auf Adlers Entwurf zurück (Abb. M 11, M 12).

Ein Schlafzimmer, ursprünglich mit zwei Betten, das Josef Bergmann 1909 für die Aussteuer seiner Tochter Frieda, verheiratete Biedermann in Winterthur, Schweiz, in Auftrag gegeben hatte, hat sich erhalten (Abb. M 13). Aus dem Besitz der Familie des Bruders Edmund und seiner Frau Mathilde Adler haben sich in Laupheim zwei Möbelstücke erhalten, ein hoher Eckschrank zu niederen Anbauschränken, die nicht mehr vorhanden sind, und ein Bücherschrank mit Intarsien (Abb. M 3, M 3.1, M 3.2).

Ebenfalls für den Bruder Edmund entwarf Adler einen Flügel, den die Firma Schiedmayer in Stuttgart hergestellt hat. Er befindet sich in England mit unbekannter Adresse (Abb. M 6, M 7).

Komplett erhalten hat sich eine Wohnzimmer-Einrichtung, die ebenfalls Fabrikant Kekeisen für die Aussteuer seiner Tochter in Auftrag gegeben hatte. Sie besteht aus einem Vitinenschrank, ovalem Tisch, Stühlen und Polstermöbeln (Abb. M 4, M 5).

M 11 Tisch,
um 1907. Ausf.: Philipp Rechtsteiner. Buche massiv, dunkel gebeizt. 100 x 77,5 x 76. Laupheim, Privatbesitz.

M 12
Sechs Stühle,
1909. Ausf.: Philipp Rechtsteiner. Buche, dunkel gebeizt. Originalbezug, Velour. Laupheim, Privatbesitz.

Das Haus für Carl und Frida Bühler in Göppingen, welches der Stuttgarter Architekt Paul Bonatz (1877–1956) entworfen hatte, stattete Adler komplett mit seinen Möbeln aus, die heute jedoch zumeist weit verstreut sind.

Wenn auch nur bedingt zu dem Bereich „Möbel" gehörig, sei hier eine Gartenbank erwähnt, die 1904 aus Kalkstein-Betonguß von der Leube-Steinfabrik Ulm AG ausgeführt wurde. Sie stellt ein ungewöhnliches Beispiel eines gelungenen Entwurfs des deutschen Jugendstils dar. Über Jahrzehnte verloren geglaubt, entdeckte sie der Ulmer Bauhistoriker Helmut Pflüger 1995 im Park von Schloß Klingenstein bei Ulm. Heute steht die Bank als Leihgabe der Leube-Stiftung

M 13  Schlafzimmer,
Laupheim, 1909. Kirschbaum dunkel. Philipp Rechtsteiner. Laupheimer Privatbesitz.

M 13.1 Ursprünglich zwei Betten, erhalten ein Bett, sonst komplett. Adler entwarf das Schlafzimmer in Varianten, auch für verschiedene Hölzer. Laupheim, Privatbesitz.

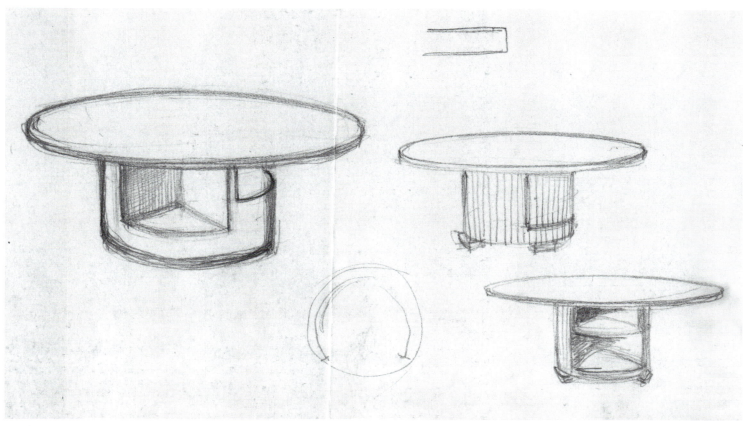

M 14 Drei Entwürfe zu einem Couchtisch,
Hamburg, um 1924. 23 x 32,6. Bleistift auf Papier. Laupheim, Privatbesitz.

M 15 Entwurf zu einem Damensalon,
Hamburg, um 1924. 19,7 x 22,5. Bleistift, Aquarell. Sign. und dat.: „F. Adler 24". München, Architektursammlung der TU, Teilnachlaß Friedrich Adler.

M 16 Gartenbank aus Kunststein,
Ulm oder Laupheim 1904/05. Steinfabrik Leube AG, Ulm. 99 / 43 x 157 x 87. Laupheim, Museum zur Geschichte von Christen und Juden, Schloss Großlaupheim. Leihgabe der Leubestiftung.

M 17 Deckenlampe,
Berlin, 1912. Ausf.: Richard L. Lutz. Metall, Textil. Maße unbekannt.

im Museum zur Geschichte von Christen und Juden im Schloß Großlaupheim. Da in Laupheim ein Zweigbetrieb der Herstellerfirma existierte, ist nicht auszuschließen, daß dort die Bank angefertigt wurde (Abb. M 16).

Von den sicher zu Hunderten einst existierenden Möbel-Zeichnungen ist nur eine, die drei Varianten eines Couchtisches zeigt, überliefert. Sie ist um 1924 zu datieren (Abb. M 14).

Aus den erhaltenen Abbildungen von Adlers Wohnungseinrichtungen geht nicht immer, doch in einigen Fällen, hervor, daß auch die Beleuchtungskörper von Adler entworfen sind. Bei Ausstellungsräumen kann man sicher davon ausgehen. Überlieferte Fotos und Abbildungen in zeitgenössischen Publikationen zu Räumen Adlers lassen sichere Zuschreibungen zu. Doch gibt es auch Abbildungen, die den Lampenentwerfer Adler nennen. Von Adler sind zwei frühe Lampenentwürfe von 1898 und 1900 bekannt. Sein letzter, ausgeführter Entwurf ist 1929 datiert.

Eine zumindest zeitweilige Hinwendung zum Wiener Stil wird beim Gesellschafts- und Teezimmer in der Hamburger Ausstellung „Bemalte Wohnräume", 1910–1911, sichtbar. Hier setzte Adler moderne ornamentale und farbige Akzente – schwarz, rot und gelb –, die für Hamburg neu waren. Der Einfluß des Wieners Carl Otto Czeschka ist spürbar[7].

Ein sehr gutes Beispiel einer Deckenlampe und ihres Umfelds, zeigt anschaulich, wie ein Beleuchtungskörper, der selbst schon ein Kunstwerk darstellt, durch Deckenbemalung oder Deckenstuck die Raumwirkung gelungen erhöhen kann (Abb. M 17).

---

7 Carl Otto Czeschka, Wien 1878 – wohl Hamburg 1960, seit 1908 Professor an der Kunstgewerbeschule Hamburg.

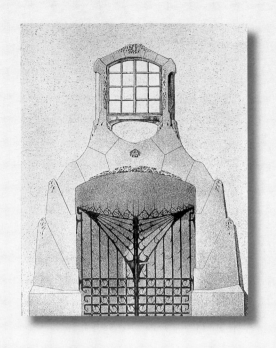

# Architektur

# Architektur (A)

## Bauplastik-, Stuck- und Mosaikentwürfe

Nur eine einzige Arbeit aus Adlers Werkbereich Bauplastik hat sich erhalten, die Türeinfassung aus Kalkstein des Elternhauses in Laupheim, König-Wilhelm-Straße 21. Dass es sich dabei auch um eine von ihm ausgeführte Arbeit handelt, ist durch die Aussage des in Laupheim geborenen Innenarchitekten und Malers Hermann Stumpp (1891–1981) gesichert (Abb. A 1). Ihm war Adler auch Mentor für seine Berufswahl. Stumpp hatte als Vierzehnjähriger Stunden damit verbracht, Friedrich Adler beim Meißeln der Ornamente der Türrahmung zuzuschauen.

Schon früh hatte sich Adler mit Bauplastik beschäftigt, das geht aus Abbildungen von 1901–02 hervor, die zwei Kapitelle zeigen (Abb. A 2).[1] In der Zeitschrift „Deutsche Kunst und Dekoration" wurden sieben Entwürfe abgebildet (Abb. A 4), die Türen, Tore, Portale, Fensterrahmungen und einen Balkon zeigen.[2] Der mehrseitige Bericht dazu klingt geradezu euphorisch, wenn u.a. geschrieben wird:

*„Es gibt nicht viele Künstler, die auf die kritische Höflichkeit und Schonung so wenig angewiesen sind wie Friedrich Adler. Der wahrhaft heilige Ernst, die geschmackvolle Gediegenheit, der solide, künstlerische Reichtum seines Schaffens empfehlen sich von selbst, auch ohne Interpretation. Hinter jedem Teilchen der Schöpfung steht ein Mann, ein braver, tüchtiger Arbeiter, dem nichts ferner liegt als dekorative Phrasen, ein Eiferer für jede Schönheit, die Schönheit ohne Lüge, die von allen flatterhaften Parasiten gereinigt zum wahren Ausdruck unserer Zeit werden könnte."*[3]

Ob sich Arbeiten nach diesen Entwürfen erhalten haben, ist nicht bekannt. Sie gehören sicher zu Adlers ausgereiftesten Arbeiten, für die die Architektur des Münchner Jugendstils wertvolle Anregungen gegeben hatte. Sie lassen bei aller Eigenständigkeit den Einfluß des Lehrers Hermann Obrist erkennen. Aufstrebende Fialen stehen der Gotik nahe, doch kann bei deren Betrachtung auch an die Formen der Kathedrale Sagrada Familia in Barcelona des Katalanen Antonio Gaudi gedacht werden.

---

1 Deutsche Kunst und Dekoration, 51. Jahrgang, Heft 1, 1901, S. 17
2 Deutsche Kunst und Dekoration, 1905, S. 431 ff.
3 Deutsche Kunst und Dekoration, 1905, S. 431 ff.

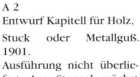

A 1  Laupheim, Wohnhaus der Familie Adler, König-Wilhelm-Straße 21. Haustüre Philipp Rechtsteiner. Türeinfassung aus Kalkstein 1905. Türklinke und Schloß ersetzt. Ursprüngliche Form des Türbeschlags entsprechen Abbildung A 9. Ornamentik der Einfassung eigenhändige Arbeit Friedrich Adlers.

A 2
Entwurf Kapitell für Holz, Stuck oder Metallguß. 1901.
Ausführung nicht überliefert. Aus Stengel wächst mittig ein Pinienzapfen, umgeben von Akanthusblättern. Monogramm FA.

A 4
Stuckmodell für Deckenverzierung. 1903.

Die elegante Ornamentik geht auf eine Zeichnung von Kleinlebewesen (Sterntiere) des Ozeans von Ernst Haeckel zurück. Verbleib unbekannt.

A 5  Stuckmodell für Wandfries. 1903.

Auch hier ist die Nähe zu Ernst Haeckels Kleintier-Zeichnungen zu erkennen. Verbleib unbekannt.

A 6  Stuckmodell für eine Suppraporte

(Verzierung über Tür). 1903.
Feingliedrige, filigrane stilisierte Pflanzen- und Tierornamente, die aus einem Knorpel erwachsen, zieren die Fläche. Verbleib unbekannt.

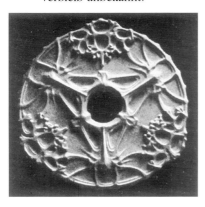

A 7
Stuckmodell einer Deckenrosette. 1903.

Soll lt. Franz Dülberg vermutlich für die Laupheimer Synagoge geschaffen worden sein. Verbleib unbekannt bzw. vernichtet.

A 8  Stuck-Suppraporte,

1902. 1. internationale Ausstellung für moderne dekorative Kunst, Turin 1902.

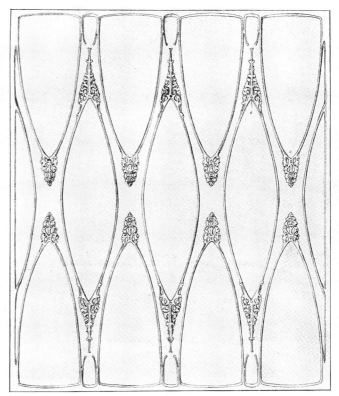

A 9  Deckenstuck-Entwurf,

Tuschefederzeichnung. 1903.
Abstrahiert nach Ernst Haeckels Meeres-Kleintierwesen. Verbleib unbekannt.

97

Eine Durchbruch-Ornamentik befand sich auch an einer Balkonbrüstung am Adler-Haus in der Laupheimer König-Wilhelm-Straße von 1905, sie erinnerte jedoch eher an den Wiener Jugendstil. Die Durchbrüche wurden in den sechziger Jahren des 20. Jahrhunderts zugemauert (Abbildung im Kapitel Lebensbeschreibung).

Das Kunsthandwerk des Stukkateurs erlebte seinen Höhepunkt in der Zeit des Barock und Rokoko. Berühmte Bildhauer und angesehene Künstler befaßten sich damit. Im 19. Jahrhundert verfiel es in die Banalität einer industriellen Fertigung mit unplatzierter Anwendung. Man verzichtet auf das Auftragen der Stuckmasse aus Gips, Kalk, Sand und Leimwasser und klebte fertige Formen an Decke oder Wände. In der Zeit des Jugendstils erlebte die Stucktechnik eine neue, kurzlebige Blüte. Angesehene Künstler und Entwerfer befaßten sich damit und lieferten Zeichnungen für frei aufzutragende Stuckornamente. Adler hatte sich besonders für die Neubelebung dieses Kunsthandwerks eingesetzt. In den Lehr- und Versuchsateliers in München wurde 1902–03 eine Fachwerkstatt für Stucktechnik eingerichtet, der Friedrich Adler vorstand. Leider haben sich nur Abbildungen von Adlers Entwürfen und solche von ausgeführten Stuckarbeiten erhalten (Abb. A 11). Eine besonders eindrucksvolle Stuckarbeit Adlers befand sich in den Räumen der Turiner Ausstellung 1902 (Abb. im Kapitel „Möbel und Innenarchitektur"). Zu einer Ausstellung 1904 im Landesgewerbemuseum Stuttgart wird berichtet, daß die Stuckmodelle Adlers für die Laupheimer Synagoge besonders auffielen. Es ist nicht überliefert, ob eine Deckenstuckierung in der Synagoge auch wirklich ausgeführt wurde.

Die Zeitschrift „Deutsche Kunst und Dekoration" berichtete mit Abbildungen über Friedrich Adler in der Stuckhandwerkkunst. Er selbst schrieb seine Gedanken dazu im selben Band an anderer Stelle:
„*Unseren Architekten, insofern sie Eklektiker sind, machte das nicht allzu vieles Kopfzerbrechen. Besten Falles bedienten sie sich bei Ausschmückung ihrer Räume bereits vorhandener Stil-Formen der jeweiligen Stil-Periode. In den seltensten Fällen nahmen die Architekten Rücksicht auf die Technik. Solange es sich um historische Stile handelte, die dem Wesen der Stuck-Technik entsprechende Arbeiten gezeigt haben, empfand man naturgemäß die Rücksichtslosigkeit gegen die Technik nicht so sehr; doch als das Publi-*

A 11   Entwurf für ein Portal mit Oberlicht, Sandstein. 1904.

A 12   Entwurf für Balkon, Türe und Türrahmung. 1904.
Signiert „Fr. Adler 1904". Laurie Stein: Es handelt sich möglicherweise um eine Vorstudie des elterlichen Wohnhauses in Laupheim.

A 13  Entwurf für eine Fensterrahmung an Steinfassade. 1904.
Detail Abb. 13. „Signiert Fr. Adler 04".

A 14  Entwurf für Haustüre und Türeinfassung. 1904.
Monogramm „A" über dem Scheitelpunkt der Türe. Laurie Stein: „Es handelt sich möglicherweise um eine Vorstudie im Zusammenhang mit der Planung des elterlichen Wohnhauses in Laupheim."
Für diese Aussage spricht der Türschild (Schloßplatte), welcher identisch ist mit dem einstigen an der Haustüre des Elternhauses.

*kum auch auf diesem Gebiete nach etwas Neuem verlangte, machte sich das Übel bemerkbar und es entstanden Stuck-Decken im krassesten „Jugend-Stil"; selbst Architekten bedeutenden Rufes kamen über einen ganz zweifelhaften Naturalismus häufig nicht hinweg.*

*Das Gebiet der Stukkatur zerfällt in zwei Teile. Den ersten Teil bilden die handwerksmäßigen Vorarbeiten, wie das Ziehen von Gesimsen, Profilen, Hohlkehlen, Rippen etc. und das Versetzen und Anquetschen gegossener Teile; den anderen Teil, die ornamentalen Ergänzungen, das Modellieren der zu ersetzenden Teile und das Antragen plastischer Zutaten in Stuck-Mörtel. Schon mit gezogenen Leisten und Rippen allein sind sehr künstlerische Wirkungen möglich. Wir können zum Beipiel durch zweckmässige, struktive Anordnung von Rippen, einen verhältnismäßig niederen, gedrückten Raum höher erscheinen lassen und so den Beschauer durch optische und lineare Wirkung über die Dimensionen des Raumes hinwegtäuschen. Umgekehrt kann man, wo es erforderlich ist, einem Raum Wucht und Geschlossenheit zu geben, durch massige Gliederung und kräftige Plastik wirken. Wie unzählige neue schmückende Formen die Technik des Antragens mit Stuck-Mörtel ermöglicht, wird aber nur der erkennen, der die Technik selbst beherrscht. Er wird dann bald empfinden, vorausgesetzt, daß er sich einen notwendigen Schatz an Formen aus der Natur geholt hat, wie unsinnig es ist, die nächstbeste Blume an die Wand zu tragen. Er wird gezwungen sein, die Natur-Form in die Technik zu übersetzen und wird einsehen müssen, daß ein angetragenes Ornament sich wesentlich von einem modellierten und versetzten Ornament unterscheiden muß. An Modelleuren fehlt es keineswegs; wo aber sind diejenigen, die sich in dieser Technik künstlerisch betätigen?"*

A 15  Entwurf für Toreinfassung
aus Sandstein mit Oberlicht und schmiede eisernem Tor. Monogramm „A 04" über dem Scheitelpunkt des Tores.

A 16  Fußboden-Mosaik,
Laupheim, König-Wilhelm-Straße 21.

Friedrich Adlers Sohn Hermann berichtete, wie er als Jugendlicher mit seinem Vater durch die Schmiedstraße in Laupheim ging und auf eine Deckenornamentik im ersten Stock des Wohnhauses von Fabrikant Theodor Kekeisen aufmerksam gemacht wurde, die Adler entworfen hatte. Da auch diese längst verschwunden ist, ist es nicht gesichert, ob es sich um Stuck oder Malerei handelte.
Im Adlerschen Wohnhaus in der Laupheimer König-Wilhelm-Straße 21 hat sich am Fuß des Treppenhauses ein Fußboden-Mosaik erhalten, das in den Terrazoboden integriert ist. Das künstlerisch wertvollere Mosaik befindet sich im Flur der Wohnung im unteren Stock, doch ist dieses mit PVC-Bodenbelag überklebt.

# Keramikentwürfe

# Keramikentwürfe (K)

K 1  Zwei Vasen,
Hamburg 1912, Keramikmanufaktur Gerstenkorn und Meimersdorf.
Steinzeug, braune Fondglasur, Ritzmarke am Boden: „G u. H", „A". H 10,3; Dm 11,5. H 13,3; Dm 9,0. Privatbesitz, New York.

Bevor sich Adler auch der Kunst-Töpferei zuwandte, beschäftigte er sich mit Glaskunst, wovon allerdings derzeit keine Arbeiten, lediglich Fotos von Überfanggläsern, bekannt sind. Außer um Schalen, Vasen und Dosen handelt es sich um eine achtteilige Toilettengarnitur. Ebenfalls sind Arbeiten in Serpentinstein, einem fetthaltigen Mineral geringer Härte, welches in verschiedenen Farben vorkommt und sich schnitzen und drechseln läßt, in Abbildungen erhalten.

Schon früh hatte sich Adler mit Keramik beschäftigt. Bereits 1898/99 erschien eine ganzseitige Abbildung eines Bierkrugentwurfs mit dem Motiv Münchner Bierrettiche, der als Halbliter- und Literkrug durch die Westerwälder Steinzeugfabrik Reinhold Merkelbach, Grenzhausen und München, zur Ausführung kam.[1] Danach ist von Adler für lange Jahre keine Entwurftätigkeit für Keramik nachzuweisen. Erst mit dem Eintritt von Johann Gerstenkorn als Schüler in die Kunstgewerbeschule Hamburg 1907 kam er diesem Kunstgewerbe wieder näher, doch erst 1911/12 hat er sich erneut mit Entwürfen beschäftigt. Gerstenkorn, gleichaltrig wie Adler, entstammte einer Töpferfamilie, hatte sich jedoch zunächst wenig auf diesem Gebiet betätigt. Auch sein späterer Mitinhaber der Keramikfabrik Gerstenkorn und Meimersdorf, Willi Meimerstorf, ebenfalls Kunstgewer-

[1] „Kunst und Handwerk", 1898–99, Tafel 3, S. 81.

K 2  Entwurf zu einem Bierkrug,
München, 1898/99.

beschüler, der sich erfolgreich als Metallkünstler hervortat, widmete sich 1911 mit der spontanen gemeinsamen Firmengründung, der Töpferei. Daß Friedrich Adler Mentor für diese Unternehmung gewesen sein könnte, ist nicht auszuschließen. Sicher ist, Adler trat 1912 als Entwerfer von Vasen in Erscheinung, was durch Monogrammierung, z. B.: G + M, Hbg, 7, 12, A (Gerstenkorn und Meimerstorf, Hamburg, Juli 1912, Adler), belegt ist.

Vasen, Deckeldosen, Flaschen mit Stopfen und Schalen mit verschiedenen Daten ab 1912 bezeugen über viele Jahre die Zusammenarbeit Adlers mit der Töpferfirma. Auch Töpferarbeiten, welche nicht die „A"-Signatur tragen, stehen seinem Stil sehr nahe und bestätigen seinen künstlerischen Einfluß bei vielen Erzeugnissen, die eher kleindimensioniert unter Verzicht auf raffinierte Formen waren. Einfache Schönheit und zurückhaltender Dekor dominierte. Größtes Objekt nach Adlers Entwurf ist eine Urne mit eingepreßter Ornamentik. Mehr als ein Dutzend Erzeugnisse mit Adlers Signatur sind derzeit bekannt. Sie befinden sich heute in öffentlichen Sammlungen, in der Neuen Sammlung, München, im Museum für Kunst und Gewerbe Hamburg und im Germanischen Nationalmuseum in Nürnberg. Man

K 3 Kugelvase,

Hamburg 1912. Keramikmanufaktur Gerstenkorn und Meimerstorf.
Steinzeug, braun glasiert, am Hals helle Fondglasur, unregelmäßige dunkelbraune Flecken. H 10,6. Ritzmarke am Boden: „GuM, Hbg. 7.12 A". Privatbesitz Laupheim.

K 3.1 Geritzte Signatur a.d. Unterseite „G.M." für Gerstenkorn und Meimersdorf „5.12", für Mai 1912. „A" für Adler.

kann davon ausgehen, daß sich in Privatbesitz noch weitere Objekte befinden. Zur Zeit sind nur drei Objekte bekannt, zwei in New Yorker Adler-Familienbesitz und eines in Laupheim, Provenienz Familie Edmund Adler, Laupheim.

K 4 Deckeldose,

Hamburg 1912. Keramikmanufaktur Gerstenkorn und Meimerstorf.
Steinzeug, grau-beige Deckglasur auf grünlich-bräunlichen Grund. Höhe mit Deckel 14,0; Dm der Öffnung 12,7. Nürnberg, Gewerbemuseum der LGA im Germanischen Nationalmuseum.

K 5 Vier Keramiken,

Hamburg 1912/13. Keramikmanufaktur Gerstenkorn und Meimersdorf. Zeitgenössisches Foto, verso Bez.: „Cakesdosen, und Vasen. Ausf.: Willi Meimersdorf". Privatbesitz New York.

Bei der großen Herausforderung an Adler, der Gesamtgestaltung der Kölner Werkbund-Synagoge, waren auch Gerstenkorn und Meimersdorf gefordert. Die Vorhalle wurde komplett mit Keramikplatten nach Adlers Entwurf gestaltet. Diese Arbeit war für die Töpferfirma ein herausragender Erfolg, der deren Ruf über Köln und Hamburg hinaus getragen hatte.

K 6  Kachel,
Hamburg 1914. Keramikmanufaktur Gerstenkorn und Meimerstorf. Maße und Verbleib unbekannt. Vermutlich wurden dieselben Fliesen für den Synagogen-Vorhof in der Werkbundausstellung Köln 1914 verwendet.

K 7  Deckelurne,
Hamburg 1913. Keramikmanufaktur Gerstenkorn und Meimerstorf.
Steinzeug, dunkelbraune Fondglasur mit craquelierter gräulich-violetter Deckelglasur. Ritzmarke am Boden: „Hanseat. Manuf. G u M / Hbg / 8,13 / A".
H (mit Deckel) 38,4; Dm 21,2. Hamburg, Museum für Kunst und Gewerbe.

In zeitlichen Abständen wandte sich Adler, den die Töpferei immer faszinierte, diesem Gebiet zu. So waren auch bis ca. 1930 auf Ausstellungen seine Töpferei-Erzeugnisse vertreten, die in verschiedenen Firmen, teilweise von seinem Sohn Paul Wilhelm, ausgeführt wurden.

# Textilien

# Textilien (T)

Die Arbeit mit Textilien beschäftigte Friedrich Adler von seiner frühesten Schaffenszeit bis zu seinem gewaltsamen Lebensende, als er in engsten Wohnverhältnissen und unter primitivsten Arbeitsbedingungen seine Hand-Batikdrucke anfertigte. Von 1899 bis 1933 und danach, als jüdische Künstler totgeschwiegen wurden, fanden Adlers Textil-Entwürfe und seine selbst ausgeführten Arbeiten Anerkennung in der Öffentlichkeit und in jüdischen Publikationen. Mit allen für Wohnräume gebrauchten Textilien hatte sich Adler, wie auch viele andere Künstler der Zeit, beschäftigt. Doch vor 1920 dominierte dies in Adlers Schaffen vorerst nicht. Dies soll nicht darüber hinwegtäuschen, daß Adlers erfolgreichste Zeit vor dem Ersten Weltkrieg lag. Zu viel hatte sich danach im Bereich der angewandten Kunst geändert. Strenge Sachlichkeit stand im Vordergrund. Auf Textilien hatte das geringeren Einfluß. Es gehorchte einer Logik, daß sich Adler, dem die Ornamentik so viel bedeutete, ab 1920 der Innenarchitektur und besonders den Textilentwürfen zuwandte. Auch wenn seine Arbeiten in Ausstellungen wiederholt gezeigt wurden, war dies doch kein hochrangiges Thema im kunsthandwerklichen Bereich. Bei der Präsentation in der kunstgewerblichen Sektion der Münchner Jahresausstellung 1899 bescheinigte man ihm Ausführung „fern von allen Anklängen an Bekanntes". Eine Bewertung, die die Eigenständigkeit von Adlers abstrakt-floraler Ornamentik betonte, im Gegensatz zu den Gobelinmalereien „von naiver, altdeutscher Weinfröhlichkeit" und zu den gefällig-anspruchslosen „Hausstickereien", aber auch gegenüber der noch bestehenden Dominanz des naturalistischen Jugendstils.

Neben Adler waren es auch andere Künstler, die mit Stickerei-Entwürfen versuchten, diesem „Hausfrauen-Kunsthandwerk" Stil zu vermitteln. Es waren Künstler, deren Namen auch heute noch bekannt sind, u. a. Hans Christiansen, Paul Bürck, Adlers Freund und Münchner Studienkollege, Margarethe von Brauchitsch und Erich Kleinhempel, der 1910 Adlers Schüler beim Meisterkurs in Nürnberg wurde.

Von Adlers frühen Textilentwürfen, die erstmals 1899 publiziert wurden, haben sich nach heutigem Wissensstand keine Arbeiten erhalten. Diese Gebrauchstextilien, die teilweise als Entwürfe, aber auch als ausgeführte Arbeiten abgebildet wurden, haben die Zeit nicht überdauert, oder sie sind noch nicht wiederentdeckt. Textilien für den synagogalen Gebrauch wurden beim Brand des Laupheimer und des Hamburger Gotteshauses in der Pogromnacht der Nationalsozialisten im November 1938 vernichtet.

T 1  Musterkarte für einen Teppich.
Entwurf Hamburg 1910, Ausführung Wurzen 1919. Wurzener Teppich- und Velourfabrik. Bleistift, Deckfarben auf Papier. Wurzener Teppich- und Velourfabrik.

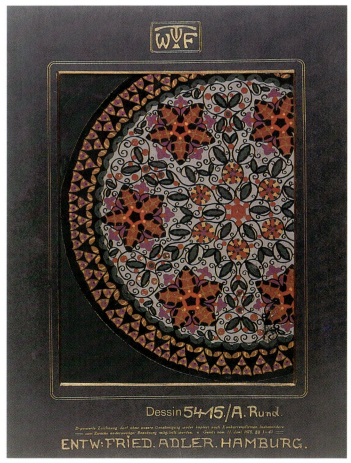

T 2  Aus dem Musterbuch der Wurzener Teppich- und Velourfabrik.
Vier Muster, davon eine Zeichnung. Entwurf Hamburg um 1912. Wurzener Teppich- und Velourfabrik.

T 3    Tischläufer,
       München, ausgestellt 1899, Jahresausstellung im Glaspalast. Ausführung: Bertha Haymann, Laupheim, spätere Frau Friedrich Adlers. Stickerei, Plattstich, Steilstich, Schmuckapplikationen in Blau und Gold auf weißem Leinen. Randbesatz Klöppelspitze. Verbleib unbekannt.

Mit Adlers Umzug nach Hamburg hatte seine Entwurftätigkeit für anspruchsvolle Wohnungseinrichtungen wesentlich zugenommen. In München, seinem vorherigen Wirkungskreis, war kein Mangel an Möbeldesignern, was in Hamburg weit mehr der Fall war. Der Wunsch nach exklusiver Einrichtung beinhaltete natürlich auch die Möbelbezugsstoffe, Teppiche und Vorhänge. Adler kam diesem Anspruch nach. Das trifft auch für die Tapeten zu, die Adler ebenfalls entwarf, sowie für Bodenbeläge, die von den deutschen Linoleum-Werken Hansa in Delmenhorst ausgeführt wurden.
Genannt wurden Entwerfer nur, sofern die Produkte bei Ausstellungen gezeigt wurden.

T 4    Drei Stickereientwürfe „Volkskunst",
       München 1900.

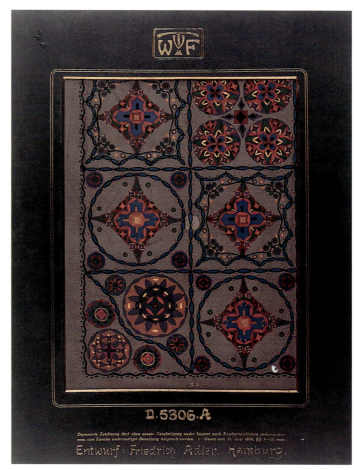

T 5    Musterkarte für einen Knüpfteppich.
       Entwurf: Hamburg um 1910.
       Ausführung 1919, Wurzener Teppich- und Velourfabrik. Bleistift auf Papier, Deckfarben. Wurzener Teppich- und Velourfabrik.

T 6 Bodenbelag,
Linoleum, Hansa Inlaid. Entwurf Hamburg 1911. Ausführung um 1911 und 1926. Farbdruck auf Papier. 11,5 x 15,5. Werbebroschüre. Delmenhorst und Bietigheim-Bissingen, Firmenarchiv der DLW, Aktiengesellschaft.

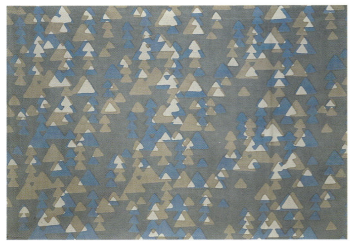

T 7 Dekorationsstoff,
Hamburg um 1926. ATEHA – Adler Textildruckgesellschaft m.b.H. und Heinrich Habig AG, Herdecke. Baumwolle, Leinwandbindung, Wachsreservedruck. Nachgewiesen in sieben Farbzusammenstellungen. Herdecke, Nachlaß Heinrich Habig, Laupheim, Privatbesitz, München, Architektursammlung der TU.

Viele Arbeiten Adlers wurden für die norddeutsche Kundschaft des Deutsch-Nordischen Kunstgewerbehauses E. Magnus, Hamburg, vertrieben, zu dessen künstlerischem Beirat er gehörte. Ab 1910 waren es auch Entwürfe für Teppiche, die die Wurzener Teppich- und Velourfabrik, Wurzen in Sachsen, eine Firma mit großem Ansehen in der Branche, welche nach Vorlagen namhafter Künstler produzierte und heute noch existiert. In den Musterbüchern der Firma, welche die Entwerfer nennen, finden sich neben Adler u. a. die Namen Peter Behrens, Albin Müller, Albert Niemeyer, Josef Maria Olbrich, Bruno Paul und Heinrich Vogeler. Hergestellt wurden dort Hand- und Maschinenteppiche, bedruckte, webgemusterte und maschinengestickte Dekorationsstoffe. Mit Teppichentwürfen, davon zwei ausgeführten, die erhalten sind, Stoffdrucken und Jacquardgeweben (Stoffen mit schwierigen, mit Hilfe von Lochkarten gesteuerten Webmaschinen hergestellten Mustern) nach Entwürfen Adlers, liegt hier Adlers umfangreichste Gruppe von Textilarbeiten der ersten Schaffensperiode vor, ergänzt durch gleichfalls in Wurzen ausgeführte Entwürfe seiner Hamburger Klasse. Es ist ein seltener und glücklicher Umstand, daß sich im Archiv und in der Mustersammlung in der Wurzener Firma Adlers Arbeiten in Form von Stoffmustern erhalten haben.

Wie intensiv sich Adler und seine Frau Frida Erika Fabisch, genannt Fef, mit Stoffdrucken beschäftigten, geht aus Adlers Erfindungen lt. Patentschriften Nr. 436565 vom 8.11.1924 und Nr. 436566 vom 14.7.1925 hervor, die beide auch in den USA patentiert wurden. Seine Frau war nicht nur bei vielen Textilarbeiten seine Partnerin, sondern sie trat auch mit eigenen Entwurfsarbeiten hervor. Schon vor ihrem Eintritt als Schülerin in Adlers

T 9 Dekorationsstoff
für Meterware und Tischdecken, Hamburg um 1925. Herdecke. 147 x 154 x 138,5 (Webbreite). Baumwolle, Leinwandbindung, Wachsreservedruck. Laupheim, Privatbesitz.

T 10 Tischdecke,
Hamburg um 1925. ATEHA – Adler Textildruckgesellschaft m.b.H. und Heinrich Habig, Herdecke. 150 x 135 (Webbreite). Herdecke, Nachlaß Heinrich Habig. Laupheim, Museum zur Geschichte von Christen und Juden, Schloss Großlaupheim.

T 11 Textilentwurf mit Schmetterlingen,
Hamburg 1932. Deckfarben. Bez. rückseitig: „1932". 42 x 36,5. New York, Privatbesitz. Variante: Neoth Mordechai, Israel, Privatbesitz.

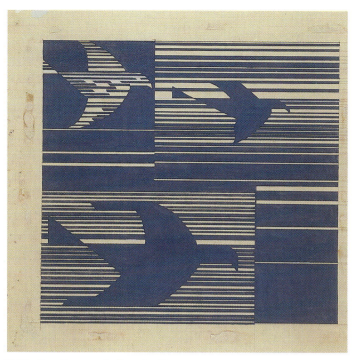

T 12 Textilentwurf „Zugvögel",
Hamburg 1932. Deckweiß und blaue Deckfarbe auf Papier. Bez. rückseitig: „Zugvögel 1932". New York, Privatbesitz und München, Architekturmuseum der TU, Teilnachlaß Friedrich Adler.

Klasse hatte sie sich bereits als Studentin der Kunstgewerbeschule Breslau mit Stoffdruck beschäftigt.

1925 gründete Friedrich Adler die „ATEHA" - Adler Textildruckgesellschaft Hamburg m.b.H. Der Gesellschaftsvertrag war formuliert: Gegenstand des Unternehmens sind die Verwertung des von dem Gesellschafter Friedrich Adler, Hamburg, beantragten Reichspatents auf das von ihm erfundene Druckverfahren für Stoffe aller Art, außerdem der Betrieb einer Färberei, der Verkauf der hergestellten Erzeugnisse sowie der Handel mit diesen und verwandten Artikeln. Die Gründung der Firma und deren Existenz war in der wirtschaftlich sehr schwierigen Zeit nach der Inflation alles andere als einfach. Zwar waren die Erzeugnisse künstlerisch hochwertig, aber vergleichsweise teuer. Auch wenn sich die stilistische Entwicklung nach dem Ersten Weltkrieg vom Ornament abwandte, blieb der Textilbereich eine Nische dafür.

Vielversprechend war die Kooperation der Adler-Firma „ATEHA" mit der expandierenden Firma „DREIHA" – Künstlerdrucke von Heinrich Habig in Herdecke, Westfalen. Adler setzte hohe Erwartungen in diese Zusammenarbeit und engagierte sich sehr für das Projekt. Zwei Mitarbeiterinnen Adlers waren nach Herdecke verpflichtet, die Adlers Entwürfe und solche seiner Hamburger Klasse halfen umzusetzen.

Ohne Zweifel erbrachten Adlers Erfindungen große Rationalisierungseffekte, doch mit billiger Massenware konnten seine Erzeugnisse nicht konkurrieren. Er hatte den anspruchsvolleren Kundenkreis im Auge. Doch dieser litt ebenfalls an der wirtschaftlichen Depression der Zeit mit einer großen Arbeitslosigkeit. Doch Adler glaubte an seinen künftigen Erfolg. 1926 berichtete er über sein neues Stoffdruckverfahren sehr überzeugt, und er schrieb u. a.: „*Vor Jahresfrist ist es mir gelungen, ein Indirektdruckverfahren zu erfinden, das dem Handdruck ganz neue Möglichkeiten eröffnet. Dieses neue Verfahren erhöht nämlich die Arbeitsleistung des Handdrucks, ohne dessen Wert künstlerisch oder technisch zu mindern, im Gegenteil, die nach diesem Verfahren hergestellten Stoffdrucke sind Stoffdurchdrucke. Die sogenannten ATEHA-Stoffe unterscheiden sich von den bisher bekannten Handdruckstoffen dadurch, daß sie doppelseitig sind: sie zeigen auf beiden Seiten das gleiche Muster, so daß sie, etwa als Vorhänge gegen das Licht gesehen, eine ganz klare und leuchtende Musterung aufweisen, was besonders bei kräftigen Geweben ein Füttern erübrigt. Es gibt al-*

T 13 Wandbehang „Schmetterlinge",
Hamburg um 1937. Zellwolle, Wachsreservedruck. Signatur „A". 137 x 79. Amsterdam, Privatbesitz.

T 14 Schal,
Hamburg um 1928. Ausführung: ATEHA – Adler Textildruckgesellschaft Hamburg m.b.H. Seidenchiffon, Wachsreservedruck. 182 x 110 (Webbreite). Laupheim, Privatbesitz.

*lerdings auch ein maschinelles Verfahren, eine Stoffschicht zwischen zwei Walzen doppelseitig zu bedrucken, aber zu einer Durchdringung des Gewebes und zum Durchfärben der Faser reicht es nicht. Mit dieser Erfindung ist also ein Mittel gefunden, um der Überlegenheit des Handdrucks über den Maschinendruck an Qualität eine Steigerung der Quantität hinzufügen zu können, da mein Verfahren das Bedrucken mehrerer Stoffschichten mit einem Stempeldruck ermöglicht. Das bedeutet bei manchen Geweben je nach ihrer Struktur eine doppelte bis sechsfache Steigerung der bisherigen Leistung..."[1]*

---

[1] Friedrich Adler, Werkstoff und Werkstoffbearbeitung, in Zeitschrift „Die Form", März 1926, s. 126–128.

Das Hamburger Fremdenblatt vom 18.7.1931 (Nr. 197, S. 19) widmet sich dem neuen Verfahren in einem ganzseitigen Bericht mit sieben Abbildungen, die im Werkraum der Firma ATEHA Friedrich Adler, seine Frau und Mitarbeiter beim Hand- und Maschinen-Batikdruck zeigen. Im Text ist auch von billigen, in Holland hergestellten Batikimitationen die Rede und von dem von Adler erfundenen Batik-Druckverfahren:

„*In Deutschland ist man in der Batikkunst andere Wege gegangen als in Holland. Professor Friedrich Adler von der Landeskunstschule (früher Kunstgewerbeschule) Hamburg hat mit seiner Frau den Vorgang des Druckbatiks in sechs Jahren mühevoller Versuchsarbeit von der Handtechnik bis zur Maschine fortentwickelt. Es gelang nun zum ersten Male,*

T 15
Wandbehang „Pan",

Hamburg 1939/40. Wachsreservedruck. Signiert „A". 191 x 90. New York, Privatbesitz.

Hier handelt es sich um die letzte überlieferte Hand-Batikarbeit Adlers. Dieser Wandbehang besteht in Erstfassung aus Papier, Bleistift, Wasserfarben. Bez.: „1. Fassung Hirtenbatik". Sign. „A 39". 44 x 21,5. Amsterdam, Privatbesitz.

Zum ausgeführten Druck schreibt Adler an seine Tochter Ingeborg und den Sohn Hermann im November 1939 über den hier abgebildeten Wandbehang u. a.: *„Ich habe eine große Komposition auf dem Brett. (...) es sind diesmal keine Schmetterlinge drauf, dafür aber ein Hirtenbub der Polos (Sohn Paul Wilhelm) Hände hat und damit die Schalmei bläst. Er sitzt auf einem blauen Hügel, wovon seine Hosen Grasflecken bekommen und nun auch ganz blau sind. Neben ihm unser Wulli, unter ihm tummeln sich allerlei Tiere, wo es vielleicht mal gegeben hat, jedenfalls wundert sich ein weißes Karnickel sehr darüber und guckt nur mit dem Kopf hinter einer Erdwelle vor. Hinter dem Hirten ist viel Gezweig und nach oben wird es immer weitmaschiger und tut sich etwas wie bei Bruckner, sehr jagdmäßig. So jetzt macht Euch einen Vers drauf."*

*Gewebe dickster Struktur durchzudrucken, so daß ein doppelseitiges Druckbild entstand, das in seiner Transparenz die Farbe zu einer bisher nicht erreichten Leuchtkraft steigerte. Zarte Gewebe werden von der Maschine gleich in mehreren Lagen durchgedruckt, ohne daß sie den Anstrich des Schablonenhaften erhalten. Die maschinellen Produkte sind trotz der wiederholenden Muster von lebendigem Reiz.*

*Die Verwendungsmöglichkeit dieser Druckbatik ist außerordentlich groß. Gardinen und Vorhänge, Dekorations- und Kissenstoffe, Tischdecken, Schals, Schirmseiden, Kleiderstoffe, Bänder; sie alle haben durch ihren doppelseitigen Druck an Wert gewonnen."*

Von September 1926 bis Dezember 1927 wurden ATEHA-Stoffe in Lizenz von der Blaudruckfirma Heinrich Habig AG hergestellt, dann zog sich Habig zurück, weil die Rendite ausblieb. Danach produzierte Adler seine bedruckten Stoffe bis 1935 in der eigenen Firma in Hamburg. Wirtschaftliche Gründe und zuletzt auch der politische Druck der nationalsozialistischen Behörden erzwangen das Ende. Ein Beleg für die hohe Qualität der ATEHA-Erzeugnisse ist deren Verwendung in den Wohnungen der 1927 erbauten Weißenhof-Siedlung in Stuttgart.

T 5
(siehe Seite 107)

# Kunststoffobjekte

# Kunststoffobjekte (Ku)

Alle bisher beschriebenen Kunst-Objekte sind aus altbekannten Werkstoffen, die teilweise schon in der Antike verarbeitet wurden. Die Bearbeitung hat sich durch Verbesserung der Werkzeuge und Verfahrenstechnik verändert; statt rein manueller Fertigung wurden zumindest teilweise Maschinen eingesetzt, die die handwerkliche Arbeit übernahmen. Ganz bewußt haben Entwerfer ihre Konstruktionen im Bedarfsfall für fabrikmäßige Serienfertigung ausgelegt. Ein eher junger Werkstoff sind Kunstharze verschiedener chemischer Zusammensetzung, die heute unter der Sammelbezeichnung Kunststoffe bzw. Plastik angeboten werden.

Um die Mitte des 19. Jahrhunderts kamen die ersten Kunststoffartikel auf den Markt. Wichtige Erfindungen kamen aus den USA, dazu zählte auch das Zelluloid, das bis heute auf vielen Gebieten Anwendung findet. Verschiedene, sehr unterschiedliche Rezepturen und Bezeichnungen traten einen Siegeszug an, der bis heute ungebremst ist. Der frühe Anwendungsbereich erstreckte sich vorwiegend auf Isolationen in der Elektrotechnik. Aus dem Werkstoff Galalith, der glänzend in schönsten Farben hergestellt werden konnte, wurden auch Modeschmuckstücke gefertigt. Der Kunststoff Bakelit fand in gepreßter Form vielseitig Verwendung. Die Herstellung war preisgünstig, die Verwendung vielseitig. Er fand Eingang als Isolierprodukt für Elektrogeräte in der Haushalts- und Möbelindustrie. Doch sind hier nur ein kleiner Teil aus der großen Palette der Kunstharze genannt. Waren es bis Ende des Ersten Weltkriegs

Ku 2  Salatbesteck,

Berlin, 1934. Wohl Prototyp. Ausf.: Eine der Mitgliedsfirmen Plastika G.m.b.H., Verkaufsgemeinschaft für Kunstharzwaren, Galalit. L 21; B 6,7. Aus dem Besitz Friedrich Adlers. Laupheim, Privatbesitz.

Ku 1  Teetasse,

Bebra 1934. Bebrit-Preßstoffwerk G.m.b.H. Produktion ab Mai 1934. Pollopas, orange. Die Herstellung erfolgte in verschiedenen Farben. Dm 10,0. Untertasse Dm 14,2. Laupheim, Museum zur Geschichte von Christen und Juden, Schloss Großlaupheim.

fast ausschließlich technischen Zwecken dienende Erzeugnisse, so wurden ab Mitte der zwanziger Jahre Materialien entwickelt, die nach damaligen Kriterien als lebensmittelrechtlich unbedenklich angesehen wurden. Dies eröffnete dem Material Kunststoff ein weiteres Gebiet, das bis dahin fast ausschließlich von Erzeugnissen aus emailliertem Eisen, Tonwaren und Porzellan beherrscht wurde.

Trotz Aufrufen führender Bauhaus-Künstler, sich der Gestaltung von Tischgeschirr aus dem neuen Werkstoff anzunehmen, blieb dies ungehört. Dagegen wurden in England bereits 1925 daraus Eßgeschirre vor allem für Picknick-Ausstattungen hergestellt. In Deutschland gilt Christian Dell (1893–1974), Lehrer an der Frankfurter Kunstschule, als Entwerfer für das neue Material. Ihm folgte 1933/34 Friedrich Adler, der für die Firma Bebrit-Preßstoffwerke in Bebra eine Kollektion von Haus-

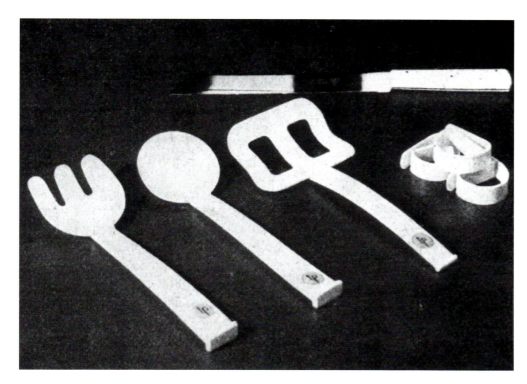

Ku 3
Tischgeräte aus Pollopas.
Ausstellung „Formschöne Erzeugnisse aus neuen Werkstoffen". Leipziger Herbstmesse.
Vertrieb: Plastica-Tropas G.m.b.H., Berlin.

Ku 4  Salatbesteck,
Bebra 1933. Bebrit Preßstoffwerke G.m.b.H, Bebra. Hergestellt ab 1934 bis 1961. Aminoplast (Melamin). L 22,7; Dm 7,2. Neuanfertigung mit Original-Preßform, 1994/95.

haltsgeräten entwarf. Darunter auch das Salatbesteck, welches 1934 auf den Markt kam und mit Kriegsunterbrechung bis 1961 produziert wurde.

Dieses noch heute als modern geltendes Gerät wurde bestimmt tausendfach hergestellt und erlebte 1994/96 eine Renaissance, als das Salat-Besteck während der Friedrich Adler-Ausstellung, von Bebrit erneut aufgelegt, wieder verkauft wurde.

Friedrich Adler hatte in allen seinen Arbeiten bewiesen, wie souverän er die Anwendung und Verarbeitung in seinen Konstruktionen berücksichtigte. Doch fast alle Erfahrungen mußte er über Bord werfen vor dem neuen Gebiet der Kunststoff-Entwürfe, die praktisch nichts mit Früherem zu tun hatten. Der Herstellungsprozeß des Pressens setzt andere Bedingungen. Adler scheint dieses Metier sehr gut beherrscht zu haben, das zeigt sich anhand der großen Palette von mehr als 50 Modellen, die Bebrit zwischen 1934 und 1939 nach seinen Vorgaben hergestellt hatte. (ähnlich Abb. Ku 4)

In dieser Ausführung wurden sie während der Friedrich Adler-Ausstellung 1994–1996 als Neuanfertigung verkauft.

Daß eine nichtjüdische Firma in der Hitler-Zeit einen Juden mit Entwurf-Aufträgen versorgte und das bis 1939, war unwahrscheinlich und wäre auch nicht ungefährlich für die Herstellerfirma gewesen. Auf das Jahr

Ku 5   Marmeladeschälchen,
Bebra 1933. Bebrit Preßstoffwerke G.m.b.H, Bebra.
Hergestellt ab Mai 1934. Aminoplast (Pollopas). Dm 10,7.
Amsterdam, Privatbesitz.

1939 eingehend, schreibt Brigitte Leonhardt: *„Es ist zu bezweifeln, daß es in dieser Zeit noch Geschäftskontakte zu Adler gab. Eher ist zu vermuten, daß frühere Entwürfe, die sich im Besitz der Firma befanden, erst 1939 in die Produktion aufgenommen wurden."*[1]

Nach den Unterlagen im Archiv der Fa. Bebrit-Preßstoffwerke G.m.b.H. handelt es sich um 51 Entwürfe von Friedrich Adler, die im Matrizenbuch mit Daten der Produktionsaufnahme und der Modell-Nummer. vermerkt sind. Demnach waren es 1934 zweiundzwanzig, 1935 einundzwanzig und 1939 zehn Produkte. Daß alle diese Entwürfe vor 1933 entstanden sind, bleibt eine Vermutung.

Es mutet als Kuriosum an, daß 1938 anläßlich der Leipziger Herbstmesse eine Ausstellung stattfand mit dem Titel „Formschöne Erzeugnisse aus neuen Werkstoffen", bei der Adlers Salatbesteck als vorbildlich demonstriert wurde. Daß Bebrit den jüdischen Designer Adler nicht nannte, dürfte außer Frage stehen.

---

1  Brigitte Leonhardt, Friedrich Adler-Katalog, 1994, S. 387.

# Graphikarbeiten

# Graphikarbeiten (Gr)

Das Metier des Designers ist das Festhalten seiner Ideen in Zeichnungen, die er oftmals auch koloriert. Das stellt zwar eine graphische Tätigkeit dar, doch reicht dies nicht aus, ihn als Graphiker zu bezeichnen. Dazu sind eigenständige graphische Arbeiten Voraussetzung, wie z. B. Druckgraphiken der verschiedenen Techniken, wie Kupferstich, Radierungen, Lithographien, Holzschnitte, Zeichnungen oder Aquarelle. Nicht selten sind die Grenzen fließend, wenn z. B. eine Ornamente-Zeichnung danach zu einer plastischen Arbeit, zu Stoffdrucken oder Bodenbelägen führt, was in Adlers Werk wiederholt geschah.

Die früheste von Adler überlieferte graphische Arbeit ist ein kleines Andenken-Kärtchen. Wie von einer Weidenrute umschlungen wirkt das Seelandschaftsbildchen über einem Blumenbukett. In einer Bucht steht unter hohen Bäumen eine Fischerhütte, in der Ferne eine Kapelle. Das Kärtchen „FA. Zum Andenken" signiert, dürfte um 1892 entstanden sein. Stilistisch erinnert die Bleistiftzeichnung an die damals beliebte japanische Zeichenkunst (Abb. Gr 1).

In zwei Poesiealben von 1894 der einstmaligen Schulfreundin Emma Bergmann aus einer Laupheimer Fabrikantenfamilie, die mit Adlers befreundet war, findet sich Adlers Poesie:

*Vergiß es nicht, auch dunkle Blumen*
*Muß der Kranz des Lebens haben.*
*Schmerz und Freude liegen in einer Schale.*
*Ihre Mischung ist der Menschheit Los.*

*Zur freundl. Erinnerung*
*von Friedrich Adler*

*Laupheim, den 20. März 1894*

Auf der gegenüberliegenden Seite zeichnete Adler mit Bleistift vor einer angedeuteten Gebirgskulisse eine Kapelle mit gotischem Spitzturm am Waldrand. Angrenzend eine Viehkoppel mit unbelaubtem Baum. Signiert ist die Zeichnung „FA 18.III.94" (Abb. Gr 2).

Im zweiten Album, in dem sich auch der Freund Paul Bürck eingebracht hat, findet sich von Adler ein Gedicht mit Widmung vom 7. September 1894. Das Blumenaquarell ist 1895 mit Bleistift datiert und wurde später eingeklebt (Abb. Gr 3).

Gr 1  Andenkenkärtchen,
Laupheim, um 1892, Bleistift. 11,0 x 7,0. Monogrammiert „FA". Laupheim, Privatbesitz.

Gr 2  Kapelle in Gebirgslandschaft,
Laupheim, 1894, Bleistift. Blattgröße 16 x 10, Darstellung 6,1 x 8,8. Sign. und dat. „FA 18.III.94". Laupheim, Privatbesitz. Provenienz Familie Bergmann-Gideon.

Gr 3   Blumenstilleben,

Laupheim 1895. Aquarell und Deckweiß auf Papier, eingeklebt in Poesiealbum für Emma Bergmann. 18,4 x 11,8. Sign. und dat. „F. Adler 1895". Laupheim, Privatbesitz. Provenienz Familie Bergmann-Gideon.

*Das Glück, das glatt und schlüpfrig rollt*
*Tauscht in Sekunden seine Pfade*
*Ist heute mir, dir morgen hold*
*Und treibt die Narren rund im Rade*
*Laß fliehn, was sich nicht halten läßt*
*Den leichten Schmetterling laß schweben*
*Und halte dich nur selber fest*
*Du hältst das Schicksal und das Leben.*

Auch aus den Jahren danach haben sich graphische Arbeiten Adlers erhalten, darunter eine Bleistiftzeichnung „F. Adler, Ischgl 4. Juli 1900". Vor einem hohen Bergkegel liegt ein bewaldeter Hügel, darunter einige Häuser, ein Produkt von Adlers ausgiebigen Gebirgswanderungen (Abb. Gr 4). Eine Guache eines Laupheim-Motivs läßt sich heute noch lokalisieren. „Auf dem Berg" in Kleinlaupheim hatten früher Bauern ihre Anwesen (Abb. Gr 5).

Eine kleine Tuschezeichnung „Veilchen in Vase" ist ebenfalls um 1900 zu datieren.

*„… [sie] erreicht die ornamentale Flächengliederung durch sich wiederholende Formmotive und Linienbündel, die den Gegenstand in der Fläche beschreiben und dort die dekorative Verklammerung zu einem ornamentalen Ganzen verschmelzen. Damit bekommt die Linie neben der darstellenden auch eine inhaltstragende Aufgabe, da ihre Hauptfunktion nun in der Umsetzung des Gegenstandes ins Ornamentale liegt und nicht mehr die Formbeschreibung ist. Die Linie hat sich bei ihm zwar vom Gegenständlichen emanzipiert, sie grenzt ab und aktiviert, bleibt aber trotz abstrakter Führung noch gegenstandsbezogen. Adler kommt – anders als bei Behrens – durch seine abstrakten Linienführungen nicht zu abstrakten Formen, …"[1]* (Abb. Gr 6)

---
1  Andrea M. Kluxen, Friedrich Adler-Katalog, 1994, S. 355.

Gr 4
Ischgl,

1900. Bleistift auf Papier. 17,7 x 23,0. Sign. und dat. „F. Adler / Ischgl 4. Juli 1900". Laupheim, Museum zur Geschichte von Christen und Juden, Schloss Großlaupheim. Provenienz Karl Mohn.

Gr 5 Laupheim,

1900, Gouache über Bleistift auf Papier. 22,9 x 16,2. Sign. und dat. „Laupheim 1900. FA". Das Laupheimer Motiv zeigt den Aufstieg nach rechts auf den „Berg". Rechts im Bild: Teil des Wohnhauses Stumpp – Held. Der Fachwerkgiebel dahinter: Heustadel des Bauern Wiech. Amsterdam, Privatbesitz.

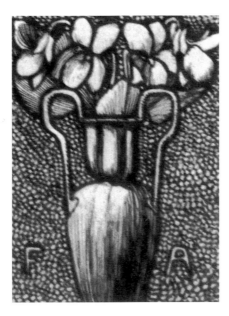

Gr 6
Veilchen in Vase,
um 1900. Tuschefeder auf Papier. 8,8 x 6,2. Sign. „FA". Laupheim, Privatbesitz.

Gr 7 Porträt des Vaters,

1900. Bleistift und Kohle auf Papier. 44,3 x 34,5. Sign. und dat., rechts unten „F. Adler, 1900", links oben „Vater", links unten „Studie". Laupheim, Privatbesitz.

Das über Jahre verloren geglaubte Kohle-Bleistift-Porträt des Vaters Isidor zeigt das markante Gesicht des alten Mannes in seinem 73. Lebensjahr. Es ist eine Arbeit im konventionellen Akademiestil. Das Blatt ist signiert und datiert rechts unten „F. Adler 1900". Außerdem ist es links oben und unten mit „Vater" und „Studie" bezeichnet (Abb. Gr 7). Eine interessante und eindrucksvolle Arbeit ist die Ausschnitt-Zeichnung eines Pappelstammes, ausgeführt mit der Tuschefeder, die seiner Zeit voraus ist und eher um 1920 stilistisch einzuordnen wäre. Mit „Studie" und „Pappel" bezeichnet, wurde sie „F. Adler 1905" signiert (Abb. Gr 8).

Von den sicher in großer Zahl während des Krieges im Felde entstandenen Bleistiftzeichnungen haben sich nur vier aus den Jahren 1917/18 erhalten. Schemenhaft, in der Morgendämmerung, beschäftigen sich sechs Soldaten mit Spannen eines Stacheldrahtverhaus zwischen den feindlichen Frontlinien. „Frühmorgens, wenn wir Drähte ziehen" – eine Parodie auf das Wanderlied „Frühmorgens, wenn die Hähne krähen, ziehen wir zum Tor hinaus" (Abb. Gr 9).

Ein anderes Blatt zeigt eine Gruppe sich ausruhender Soldaten auf Bänken sitzend, unter einer Baumgruppe. Ein Soldat hält ein Pferd am Zügel (Abb. Gr 10). Eine Idylle ist in einer Zeichnung festgehalten, die ein betagtes Ehepaar zeigt. Auf einer Holzbank sitzt die Frau mit Kopftuch beim Stricken, während der Mann dahinter im Innenraum, auf das Fensterbrett gestützt, zuschaut (Abb. Gr 11).

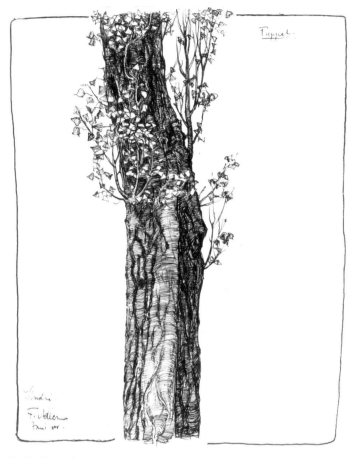

Gr 8 Pappelstamm,
  1900. Tuschefeder auf Papier. 25,0 x 18,0. Sign. und dat., links unten „Studie / F. Adler / Juni 1905", rechts oben „Pappel". Laupheim, Privatbesitz. Provenienz Familie Adler, New York.

Gr 10 „Soldaten mit Pferd unterm Baum",
  Frankreich 1917. Sign. und dat. „Fried. Adler / R. 26.V.17". 30,1 x 25,9. New York, Privatbesitz.

Gr 9 „Früh morgens, wenn wir Drähte ziehn".
  Frankreich 1917. Bleistift auf Papier. 10,5 x 15. Sign., dat. und bez. „Früh morgens, wenn wir Drähte ziehn. 8. Feb. 17. F. Adler". Auf Papier aufgeklebt, darunter in Bleistift: „Sr. lieben Emma bei 22° Kälte, mit viel Mühe gezeichnet, F. Adler". 10,5 x 15. Limassol, Cypern, Privatbesitz.

Gr 11 „Feierabend",
  Frankreich 1917. Bleistift auf Papier. Sign. und dat. „Lothringen 14. Juni 17. Fried. Adler". Bez.: „Feierabend". 34,7 x 25,7. New York, Privatbesitz.

Gr 12
„Josua und Kaleb",
Frankreich 1917. Bleistift auf Papier. Sign., dat. und bez.: „Josua und Kaleb", „F. Adler, 8.7.17". Laupheim, Privatbesitz.

„Josua und Kaleb" bezeichnet Adler die Zeichnung, auf der zwei Soldaten eine Stacheldrahtrolle auf einer Stange geschultert tragen. Dieser Titel ist eine Parodie auf die im Alten Testament genannten Kundschafter, die am Ende der vierzigjährigen Wüstenwanderung nach der Flucht aus Ägypten von Moses nach Kanaan geschickt wurden, um die Lebensbedingungen für das Volk der Juden zu erkundschaften. Sie kamen zurück mit einer riesigen Weintraube, die sie ebenso auf einer Stange trugen (Abb. Gr 12). Der besondere Reiz und die Qualität der Zeichnungen bzw. Skizzen liegt in der Spontaneität, mit der sie aufs Blatt gebracht wurden. Unverkennbar ist darin auch eine Melancholie und das Fehlen jeglicher euphorischer Kriegsbegeisterung.

Adlers späte Aquarelle von 1937 wirken wie hingeworfen. Sie entstanden in der Zeit der Isolation jüdischer Künstler. Die Vermutung ist nicht abwegig, darin auch Vorstudien für Textildrucke zu sehen. Ein kleines Aquarellbildchen zeigt vor hellem und dunklem Hintergrund einem großflossigen orangenen Fisch, der von kleinen Fischen im Wellenspiel begleitet wird (Abb. Gr 16). Adlers im selben Jahr entstandenen Tulpenstudien sind sicher im Zusammenhang mit seinem letzten Beitrag zu sehen, den er unter dem Titel „Der Kampf um die Form" im Aprilheft 1938 der Monatsblätter des Jüdischen Kulturbundes veröffentlichte. Ein Bekenntnis zur göttlichen Schöpfung und der Kunst, die aus ihr empfängt. Sehr feinfühlig hat er darin eine Tulpe beschrieben (Abb. Gr 14 und Gr 15, Text S. 123–125).

Gr 13 Plakat Prisma im Zenit (s. Text S. 24),
Hamburg, Ende 1927. Plakat für das 10. Fest des Vereins Künstlerfest Hamburg e.V., 3.–8. Februar 1928. Lithographie. 88 x 60. Hamburg, Museum für Kunst und Gewerbe.

Gr 14 Tulpen,

    Hamburg 1937. Aquarell über Bleistift auf Papier. Sign. und dat. „Friedrich Adler, Mai 37". 25 x 24. Laupheim, Museum zur Geschichte von Christen und Juden, Schloss Großlaupheim.

Gr 15 Tulpen,

    Hamburg 1937, Aquarell über Bleistift auf Papier. Sign. und dat. „Friedrich Adler, Mai 1937". 31 x 25. Laupheim, Museum zur Geschichte von Christen und Juden, Schloss Großlaupheim.

„*Die Biologie und ihre Mutter, die Chemie, lassen uns ahnen, wie Stoff sich in Form wandelt. Wir erleben es groß gesehen als einen Kreislauf und dieses ewige „Stirb und Werde" ist nichts anderes als die geniale Formel für jenen fortwährenden Kampf um die Form, welchem wir beiwohnen, wo immer wir die Welt, das Leben und den Tod betrachten.*

Gr 16 Zierfische,

    1937. Aquarell auf Transparentpapier, lackiert. Sign. und dat. „Friedrich Adler 37". 12,5 x 18. Amsterdam, Privatbesitz.

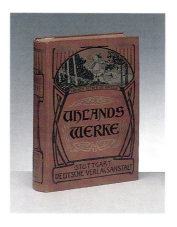

Gr 17

Bucheinband für „Uhlands Werke". Stuttgart, Deutsche Verlagsanstalt 1902. Roter Leinwandeinband, Schrift und Ornament in Gold und Schwarz gedruckt. Darstellung in Gold und Grün auf Weiß die Wurmlinger Kapelle mit Schrift: „DROBEN STEHET DIE KAPELLE". Sign. „FA". 24,3 x 16. Laupheim, Museum zur Geschichte von Christen und Juden, Schloss Großlaupheim.

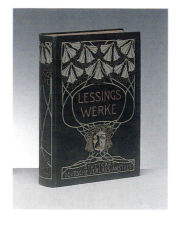

Gr 18

Bucheinband für „Lessings Werke". Stuttgart, Deutsche Verlagsanstalt 1902. Grüner Leineneinband, Schrift und Ornament gold und gelb gedruckt. 24,3 x 16. Laupheim, Museum zur Geschichte von Christen und Juden, Schloss Großlaupheim.

*Leuchtend, verführerisch und mächtig steht am Anfang aller Formung die Liebe. Unbekümmert um das, was sie uns Menschen an Glück oder Tragik bringt, verfolgt sie ihr Ziel; wir sind nur der Stoff und Werkzeug und unsere Schicksale zählen nicht in jenem Kampf, an dessen Beginn immer wieder, stärker als der Tod, die Liebe steht.*

*Leuchtend, verführerisch und mächtig steht aber Liebe auch immer da, wo Geistiges sich formen will, wo Traum und Gedanken flutet und rauscht. Bald schmeichlerisch lockend, bald unerbittlich und zwingend trifft jene in Wahrheit „himmlische Liebe" ihre Wahl und auch die Stunde. Und während der Erwählte glaubt, eine Eingebung zu haben, sie zu besitzen, ist er schon der Besessene. Sein sensibler Magnetismus hat, bevor er sich dessen bewußt ist, bereits aus der Fülle frei gewordener und kreisender Kräfte das angezogen, was diesem Magnetismus eben gerade tauglich erschien, einverleibt zu werden, um befruchtend zu wirken.*

*Dies ist ein Zeugungsvorgang geistiger Art, mit allen seinen Folgerungen, und damit ist jener Prozeß im Geiste eingeleitet, den wir als den Kampf um die Form zu nehmen und zu führen haben.*

*Die Welt ist voll von Form, und welche wir auch herausgreifen, und was wir auch betrachten mögen, immer sehen wir in dieser Form die Kristallisation eines Gedankens, dessen Bild und Sinnbild.*

*Eine der ewigen und heiligen Formen ist das Ei, und wir erkennen, biologisch gesehen, im Ei und in der Frucht Endprodukt und Zelle zugleich. Das Kunstwerk ist es nicht weniger, denn in dem Augenblick, da es sichtbar wird, als Formung eines langen und kampferfüllten Prozesses, wirkt es schon wieder befruchtend auf unsere Sinne. Wir erleben nun aber etwas sehr Erstaunliches: Das Ei und die Frucht sprengen ihre Form, um eine neue von derselben Art zu gebären. Das Bildwerk, die Musik, das Gedicht, sie behalten ihre Form, und die einmal in sie gepreßten Kräfte wirken und strahlen unvermindert, solange das Werk existiert; ja, aus seinen Bruchteilen noch strömen uns Jahrhunderte nach seiner Entstehung Kräfte zu, die nichts von ihrer ursprünglichen Gewalt verloren haben. Diese Gewalt, diese Summe von Energie, die von solchem Werk ausgeht und seine Spannkraft ausmacht, verrät uns fast alles, was an Kräften und Energien, an Gedanken, Sehnsüchten und Spannungen in diesem Werk aufgespeichert ist, und man kann wohl sagen, auch in der Welt des Geistigen geht nichts verloren.*

*Die Berufenen, jenen immer kreisenden Gedanken Gefäß zu sein, ihnen Form, Ausdruck und Gestalt zu verleihen, sind die Künstler. Wir wissen aus dem Leben der ganz Großen wie dieses so in ihr Werk einging, daß der Körper nur noch der Schlacke glich, als sie ihr Werkzeug für immer aus der Hand legten. Der Kampf um die Form hat diese Körper ausgehöhlt, die Form selbst blieb und schlackenlos kündet sie uns nach Jahrhunderten noch von dem, der sie schuf; sie ist unsterblich wie die Seele, die sie umschließt. So bei Michelangelo, dessen Genie ihm selbst zum Daimon wurde und dessen Formwille viel stärker war als seine Physis. So bei Rembrandt, einem Künstler von fast unwahrscheinlicher Gewalt, bei dessen Malerei man so oft versucht wäre, an Hexerei zu glauben, wenn man nicht sähe, daß man es nicht nur mit einem „Gott", sondern auch mit einem Handwerker par excellence zu tun hat. Denn das ist ja das Wunder des Kunstwerkes und unterscheidet dieses vom Naturwunder, daß zauberische Hände mit anorganischen Mitteln eine Welt gestalten, nein, ein Destillat der Welt.*

*Viel zu wenig denkt der Laie an den unerhörten Kampf, den der Künstler um sein Werk führt. Nur wenig weiß er von den Mühen, Zweifeln und Qualen, die immer gegenwärtig sind, wo starkes Naturerleben oder heißes Mitgefühl mit dem Menschen, mit dem Tier, mit der Welt um ihren letzten adäquaten Ausdruck in der Linie, in der Farbe oder in der plastischen Form ringen. Das Kunstwerk, das Ergebnis solchen Ringens, verrät selten den Leidensweg und will nur sein: die Überwindung, die Inkarnation, die Form schlechthin. Das sehen wir bei den alten Meistern und wir sehen es bei Munch; wir spüren es nicht nur bei dem temperamentvollen Rodin, sondern auch bei dem viel verhalteneren, aber nicht weniger geladenen Phidias. Der Wille zur Form ist so alt wie der Mensch, und das Bedürfnis nach knapper Mitteilung von Ding und Geschehen hat zuerst den Laut und das Wort, oder aber das Zeichen und den plastischen Ausdruck geprägt. In der Erfindung eines Zeichens, eines Wortes und der dadurch erfüllten Aufgabe, für Ding und Geschehen den knappen und allen verständlichen letzten sicht- und hörbaren Ausdruck gesetzt zu haben, liegt Anfang und Ende aller Formung und Anfang und Ende der Kunst überhaupt. Damit ist der klare Weg vorgezeichnet, der von der Natur h e r – und zur Kunst h i n führt.*

*Man schreibt das so leicht hin, und dieser „klare Weg" ist so voll von Dornen und Gefahr! Denn auch dem Künstler ist das Naturerlebnis eine Art von Nahrungsaufnahme; auch sein Körper empfindet das Chemische und Physikalische: die Luft zum Beispiel als Sauerstoff, und das Licht ist gerade ihm unentbehrliches Requisit. Diese beiden Elemente waren aber in der Geschichte der Malerei zugleich Formprobleme. Von Rembrandt über Corot bis zu Liebermann reihen sich, wie Glieder einer Perlenschnur, die Werke, in denen das Licht bald dämmernd, bald strahlend in jene Rahmen eingefangen ist, in welchen die Luft, jenes flüchtige Element in ihrer jeweiligen und vom Licht bedingten Farbigkeit, vibriert und ihre diesmal f a r b i g e Form gefunden hat.*

*Das Problem der farbigen Form wird jedoch in dem Augenblick zum Problem der plastischen Form, wo ich „das Ding an sich" betrachtend vom Raum loslöse, oder aber, es in ihn hineindenke.*

*Vor mir steht eine Tulpe, das Wunderwerk eines Kelches, sein Vor- und Sinnbild. Ich sehe aber auch das Wunderwerk der Struktur, ihre Physis. Ich sehe auf jedem ihrer Blütenblätter, wie Farbflecke konträrster Art, die Struktur klug benutzend, ineinander züngeln, ohne den ihnen angewiesenen Bezirk zu verlassen. Ein leuchtendes Vorbild für die Gobelinweber aller Zeiten. Ich empfinde dankbar die Mäntel der Blätter, die wie Mütter sind. Neidlos, bewundernd und voller Würde geben sie in stillem samtenem Grün der Tochter das Geleit und bescheiden sich, dieser Herrlichen als „Folie" und nicht nur als „Blatt" zu dienen. Und das alles, diese Summe von Empfindungen, ach, ist noch nicht erschöpft, darf mich nicht hindern, die große, einfache und ewige Form zu suchen, zu finden und zu laden mit dem Inhalt dieser Empfindungen. Und ist es nur eine Tulpe von tausenden, an denen wir täglich vorbeigehen! Aber in ihr steckt das gleiche Problem wie im Baum, im Tier und in allem, was Odem hat: das Problem der Form.*

*In der Lösung dieses Problems erschöpft sich das Leben des Künstlers, und nur solange ihm jede neue Aufgabe als Problem erscheint, lohnt es sich, den Kampf aufzunehmen, lohnt es sich für ihn – zu leben."*[2]

## Buchschmuck und Druckgraphik

Ein Bucheinband-Entwurf für einen Wettbewerb der Zeitschrift „Kunst und Handwerk", der 1897 für einen neuen Jahresband des Blattes ausgeschrieben war, brachte für den Studenten der Königlichen Kunstgewerbeschule München, Friedrich Adler, nicht nur den Ersten Preis ein, sondern auch die erste Veröffentlichung mit Abbildung seiner Arbeit. Zwei Forderungen waren gestellt, einmal sollte der erst wenige Jahre zuvor in München eingezogene Jugendstil Niederschlag finden, zum anderen aber sollte auch dem noch lebendigen Historismus ebenfalls Reverenz erwiesen werden. Adlers Entwurf scheint dieser Forderung in idealer Weise nachgekommen zu sein. Auf dem dunklen Grund

[2] Friedrich Adler, Der Kampf um die Form, in: Monatsblätter des Jüdischen Kulturbunds Hamburg, April 1938, S. 4–6.

Gr 19 Bucheinband,
München 1897/98. Erster Preis für Adler beim Wettbewerb für Umschlagbild der Zeitschrift „Kunst und Handwerk", vom 31.7.1897.

der Einfassung wachsen im Sinne des Jugendstils feinlinige, verschlungene Pflanzenstengel mit Blütensternen, die sich um ein helles Feld in Flaschenform winden. Die Darstellungen im Mittelfeld kommen dem zweiten Kriterium des Wettbewerbs, dem Historismus, nach. Durch zwei Wappenschilde, dem der Malerei und dem des Handwerks mit Zange und Winkel, wächst ein Ast, der oben in einem Knorpel zusammenwächst. Darauf steht als krönender Abschluß ein Renaissance-Buckelpokal. Ein Ährenbündel weist auf die Bedeutung des Bauernstandes hin (Abb. Gr 19).

In der Zeit seiner freischaffenden Tätigkeit hatte Adler mit Josef Wackerle ein gemeinsames Atelier in München. Damals entstand der Entwurf für ein Titelblatt zur illustrierten Preisliste der Württembergischen Metallwarenfabrik, WMF, Geislingen a. d. Steige. An diesem Entwurf waren beide Künstler beteiligt. Es ist nachvollziehbar, daß die floral-abstrakte Ornamentik Friedrich Adlers Werk ist. Die Nähe zu seinen Metallentwürfen jener Zeit spricht eindeutig dafür. Der den Firmenschild tragende männliche Akt dürfte auf Wackerle zurückgehen (Abb. Gr 20).

Gr 20
Titelblatt für illustrierte Preisliste der Firma WMF Geislingen, 1900. Preisausschreiben der Württembergischen Metallwarenfabrik (WMF) Geislingen a. d. St. Aus Mitteilungen Württemberg, I. Jg. H 1, 1901, S. 41.

Gr 21 Firmenetikett,
München um 1902. Kunsthandlung R. Wagner, Maximilianplatz 19. Zweifarbenlithographie. Sign. „FA". 12,8 x 17,4. Laupheim, Museum zur Geschichte von Christen und Juden, Schloss Großlaupheim.

Die Deutsche Verlagsanstalt Stuttgart gab 1902 eine Klassiker-Serie mit 15 Bänden heraus. Die Einbände wurden von verschiedenen angesehenen Künstlern gestaltet. Friedrich Adler schuf die Einbände für „Uhlands Werke" und „Lessings Werke". Während für den Uhland-Band die Ornamentik sich auf rotem Grund in schwarz und gold in wechselnder Stärke und abstrakt um ein jugendstilhaftes Bild der von Uhland besungenen Wurmlinger Kapelle – mit dem Anfangstext seines Liedes „Droben stehet die Kapelle" – windet, ist der Lessing-Einband von anderer Art. Vor gleichmäßig dünnen und verschlungenen abstrakten Linien erhebt sich vor grünem Grund eine Theatermaske. Die weiterführenden Linien um den Buchtitel wachsen zu einem Glockenblumen-Arrangement empor (Abb. Gr 17 und Gr 18).

Es war üblich, anspruchsvolle Bücher mit farbigem Vorsatzpapier auszustatten, mit dessen Entwürfen sich in der Zeit des Jugendstils Künstler befaßten – so auch Friedrich Adler, von dessen Entwürfen dazu zwei Schwarz-Weiß-Abbildungen erhalten sind. Nicht weniger interessant sind Adlers Vignetten, die in Büchern teilweise zwischen den Kapiteln abgebildet sind.

Renommierte Kunsthandlungen pflegten beim Verkauf eines Bildes ein Firmenetikett auf die Rückseite zu kleben, auf dem Künstler und Bildtitel vermerkt wurden. Für den Entwurf des Etiketts nahm man Künstler in Anspruch. Adler entwarf eine Lithographie für Zweifarbendruck, rot und schwarz in abstrakt-floraler Ornamentik mit roten Blumen. Ein zweites Etikett, ebenfalls im Zweifarbendruck, in grün und gelb, hat typische Ornamente, die auf die Debschitz-Schule hinweisen (Abb. Gr 21 und Gr 22).

Einer besonderen Beliebtheit erfreuten sich in der Jugendstilzeit die Ex Libris, denen sich viele Künstler der Zeit widmeten, indem sie Entwürfe dazu lieferten oder selbst zum Stichel griffen. Adler bildete keine Ausnahme.

Gr 22 Firmenetikett,
München um 1903. Kunsthandlung R. Wagner, Maximilianplatz 19. Zweifarbenlithographie. Sign. „A". 17 x 21,3. Laupheim, Museum zur Geschichte von Christen und Juden, Schloß Großlaupheim.

Schon im Mittelalter haben private Bibliotheken-Besitzer mit dieser Besitzanzeige in Form kleiner Druckgraphiken, die sie im Buchdeckel einklebten, Kunde der Wertschätzung von Literatur und den Stolz des Besitzens angezeigt. Der Bildinhalt eines Ex Libris war individuell, der Berufsstand, die Liebhaberei des bibliophilen Sammlers oder Bezüge zum Familiennamen des Besitzers, Landschafts- und Ortsbilder, auch Architekturen des eigenen Besitzes, konnten Motive sein. Den frühesten, nachweisbaren Ex Libris-Entwurf fertigte Adler 1902 für Dr. jur. Karl Nördlinger. Im Stil der Münchner Debschitz-Schule mit anschwellenden und verjüngenden, abstrakten Jugendstilelementen dominiert eine Waage in austarierter Stellung. Auf der linken Schale liegt ein Totenschädel, den züngelnde Schlangen umwinden. In der rechten liegen eine Siegelrolle, Gesetzbücher, ein Schwert und ein hoffnungverheißender Lorbeerzweig. Mittig ist, in zwei Strahlenbündel gefaßt, das Auge des Gesetzes (Abb. Gr 23).

Gr 24
Ex Libris für Berta Haymann,
vor 1907. Holzschnitt, handkoloriert mit grünem Buntstift. Sign. „A". 7,4 x 6,3. New York, Privatbesitz und Laupheim, Museum zur Geschichte von Christen und Juden, Schloss Großlaupheim.

Nach dem Ersten Weltkrieg hatte sich der Stilwandel vom Jugendstil zu Art Déco und Expressionismus endgültig vollzogen; das äußert sich in den beiden Ex Libris für Richard und Olga Loeb. Auf einem Bärenfell ist ein liegendes und darauf ein gespreizt aufgestelltes Buch, auf dem ein Löwe steht, unter dem ein nacktes Mädchen sitzt, welches das Tier streichelt (Abb. Gr 25). In derselben Auffassung ist das 1920 für das Ehepaar Wallersteiner entstandene Ex Libris, auf dem ein sitzender nackter Jüngling ein überdimensioniertes Buch schützend umfaßt, das den Titel trägt „Dies Buch ist mein". Die oval umlaufende Inschrift lautet: „Aus der Bücherei Leopold und Else Wallersteiner" (Abb. Gr 26).

Die Ex Libris für Carl und Frieda Bühler von 1909 sowie für Karl Mohn von 1912 sind allenfalls noch dem späteren Jugendstil verbunden. Der Entwurf für das Ehepaar Bühler in Göppingen ist auf den Berufsstand der Weber angelegt; sie waren Besitzer einer Weberei.

Gr 23
Ex Libris Dr. jur. Karl Nördlinger,
um 1902. Lithographie. Sign. „F.A.". 10 x 7,7. Gutenberg Museum, Mainz.

Vor 1907 entwarf Adler für seine spätere Frau, Berta Haymann, ein Ex Libris mit den Initialen „B H", die eine Dreieckform der Darstellung vorgab. Aus dem „H" erwächst ein Rosenstrauch mit vielen Blättern und Blüten. Auf dem „B" hat sich ein Vogel niedergelassen. Die Rosen mögen an Hans Christiansen erinnern und eine Distanzierung vom Einfluß des Münchner Jugendstils einleiten (Abb. Gr 24).

Gr 25
Ex Libris für Richard und Olga Loeb,
1918. Lithographie. Sign. und dat.: „Friedrich Adler, Juni 1918". USA, Privatbesitz.

Gr 26
Ex Libris für Leopold und Elsa Wallersteiner,
1920. Lithographie. Sign. „A". Bez.: „Aus der Bibliothek Leopold und Elsa Wallersteiner". 8 x 12,7. New York und Laupheim, Privatbesitz.

Gr 30
Ex Libris für Eva Meile,
Hamburg um 1930/35. Lithographie. Sign. rechts unten: „A", bez.: „EVA". Rückseitig in Bleistift: „Eva Meile (1930), Vati, Eva Meile, ?, 1935". New York, Privatbesitz.

Gr 27
Ex Libris für Carl und Frieda Bühler,
um 1909. Lithographie. Sign.: „A" und bez.: „Ex Libris, CFB, Carl und Frieda Bühler". 8,8 x 6,7. Laupheim, Museum zur Geschichte von Christen und Juden, Schloss Großlaupheim.

Gr 31
Ex Libris für Paula und Edwin Bergmann,
um 1922. 2 Farben-Lithographie (schwarz und gelb). Monogramm „A", mit Bleistift signiert: F. Adler. New York, Privatbesitz.

Gr 28
Ex Libris-Entwurf für Karl Mohn,
1912. Tusche über Bleistift, Deckweiß auf Karton. Sign.: „A". Bez.: „Karl Mohns Buch". Rückseite in Bleistift: „150 St./ 500 1 cm kleiner, Fr. Adler, Mittelstr. 50 / 1912". USA, Privatbesitz.

Gr 32
Ex Libris für B. und G. Bleichröder,
um 1935. Lithographie. Sign. im Buchstaben B: „A". Bez.: „B. u. G. Bleichröder", rückseitig in Bleistift, von anderer Hand: „1935". 8,4 x 8,6. New York, Privatbesitz.

Gr 29
Ex Libris-Entwurf für Else Bergmann.
1912. Tusche über Bleistift, Deckweiß auf Karton. Sign.: „A". 8,1 x 8,2. USA, Privatbesitz.

Im Monogramm CFB, für Carl und Frieda Bühler, sitzt ein Putto auf einem Weberschiffchen (Abb. Gr 27). Die umrahmte Schrift wirkt wie von Garn gelegt. In Karl Mohns Ex Libris bewachen Vögel ein aufgeschlagenes Buch. In den abstrakt-floralen Ornamenten sind beidseitig Isolatoren integriert, die durch gespannte Leitungsdrähte verbunden sind. Sie weisen auf den Laupheimer Elektrizitätswerk-Besitzer hin (Abb. Gr 28).

Das Ex Libris für Else Bergmann, geb. Oppenheimer, aus Frankfurt a. M. ist 1912 entstanden. Die verschlungene Ornamentik steht dem späten Jugendstil nahe (Abb. Gr 29).

In den frühen dreißiger Jahren ist bei Adler eine Stiländerung sichtbar, die sich im Ex Libris für seine Schülerin Eva Meile äußert, indem er sich wieder, wenn auch nicht konsequent, zu gerundeten Elementen bekennt, was eine Abkehr vom Expressionismus anzeigt. Man glaubt als Motiv ein Schiff zu erkennen, das sich aus dem Namen „Eva" zusammensetzt, welcher durch die stark stilisierten Buchstaben nur schwer entzifferbar ist (Abb. Gr 30).

Dem Art Déco nahestehend, mit Pflanzen, Blüten und einem Schmetterling, ist das Ex Libris für Paula und Edwin Bergmann aus der Laupheimer Unternehmerfamilie. Sie waren die Eltern der bekannten Hochspringerin der dreißiger Jahre des 20. Jahrhunderts, Gretel Bergmann, verheiratete Margaret Lambert, der die Nazis böse mitgespielt haben. Bei diesem Ex Libris handelt es sich um eine Zweifarbenlithographie, schwarz und gelb, sign.: „A", handsigniert: „Friedrich Adler", Bez.: „Paula und Edwin Bergmann's Buch" (Abb. Gr 31).

Obwohl gemeinhin das Ornament mehr von den Gebrauchsgegenständen verschwand, hat Adler doch immer das Ornament als Ausgangspunkt seiner Arbeiten benutzt. In den zwanziger Jahren wurde Adler von expressionistischen Tendenzen beeinflußt: *„... die seit etwa 1905 mit den Fauves, der Brücke und anderen Gruppen eine Erneuerung der Kunst in kraftvollen, starken Formen und ungebrochenen Farben postulierten und eine weitgehende Autonomisierung des Künstlers erreichten. Das Ex Libris für Paula und Edwin Bergmann, von etwa 1922, ... ist eine Zweifarbenlithographie mit groben, klaren Formen, die an einen Holzschnitt – eine Technik, die im Expressionismus sehr beliebt war – erinnert. Das Fehlen jedweder Rundung, die starke, formbezogene Konturierung bei gleichzeitiger Reduktion der Binnenzeichnung und die ausdrucksstarken Zacken zeigen ein neues, unruhig bewegtes Dekorationsprinzip im Schaffen Adlers. Bei Adler kommt es aber nicht zu der Unmittelbarkeit und Spontaneität der Expressionisten. Er bleibt auch hier immer im Dekorativen. Dargestellt sind Blumen sowie ein Schmetterling, ein im Jugendstil sehr beliebtes Motiv, Symbol der Psyche und Sinnbild für Vergänglichkeit ..."*[3]

Um 1935 ist das Ex Libris für B. u. G. Bleichröder zu datieren. Zwischen den großen Initialen „B" und dem seitenverkehrten „G" wachsen verschiedene Pflanzen und Blumen, durch die ein naturalistisch gezeichneter Hirsch springt. Bleichröder stammte aus der bekannten jüdischen Bankiersfamilie in Hamburg und Berlin (Abb. Gr 32).

Sehr modern wirkt Adlers Entwurf des Plakats für das 10. Künstlerfest 1928 im Curio Haus in Hamburg. Dies trifft sowohl für außergewöhnliches, sehr farbenfrohes Colorit, als auch für den Stil des Schriftbildes zu (Abb. G 13). Überliefert ist nur ein Exemplar, das sich im Museum für Kunst und Gewerbe, Hamburg, befindet. Das Spertus Museum of Judaica in Chicago hat für die dort 1996 präsentierte Friedrich Adler-Ausstellung das Plakat nachgedruckt.

Gr 33 Vignette,
1903. Entnommen aus „Deutsche Kunst und Dekoration", XII, 1903, S. 561.
(Die Vignette diente als Vorlage für die Fassade der Friedrich Adler-Realschule in Laupheim).

---

3 Andrea M. Kluxen, Friedrich Adler-Katalog, 1994, S. 361.

Gr 8
(siehe Seite 121)

# Literatur
# Bildnachweis

# Literatur

Adler, Friedrich: Etwas über die Neubelebung der Stucktechnik, in: DKD XII, April-Sept. 1903, S. 564.

Adler, Friedrich: Die staatliche Kunstgewerbeschule zu Hamburg, Allg. Abt. B, 1913, S. 36f.

Adler, Friedrich: Über das Wesen des Geschmacks - Ein Beitrag zur Geschmacksbildung, in: Die Kunstschule 7, Nr. 10, Oktober 1924, S. 275-280.

Adler, Friedrich: Werkstoff und Werkstoffbearbeitung - ATEHA-Stoffe, in: Die Form 1, März 1926.

Adler, Friedrich: Ein neues Stoffdruckverfahren, in: Textilwoche, Nr. 7, 8 Juli 1927.

Adler, Friedrich: Hermann Obrist, gest. 26. Febr. 1927 (Nachruf), in: Der Kreis, Hf. 5, Mai 1927, S. 291.

Adler, Friedrich: Der seltsame Vogel, in: Prisma im Zenith. Der 10. Kostüm-Künstler-Karneval. Fest-Almanach, Hamburg 1928.

Adler, Friedrich: Hand und Maschine als stilbildende Elemente im Kunsthandwerk. Eine vergleichende Betrachtung alter und neuer Handwerkskunst. Vortragsreihe gehalten im Jüdischen Kulturbund ab Mittwoch, den 26.1.1938. Maschinengeschriebenes Manuskript um 1937. Ankündigung in: Monatsblätter des Jüdischen Kulturbundes, Hamburg, Januar 1938.

Adler 1937, Phantasie

Adler, Friedrich: Von der Phantasie, in: Monatsblätter des Jüdischen Kulturbundes, Hamburg, Dezember 1937, S. 4-6, 25.

Adler 1937, Wege und Umwege

Adler, Friedrich: Wege und Umwege, in: Monatsblätter des Jüdischen Kulturbundes, Hamburg, Januar 1937.

Adler, Friedrich: Der Kampf um die Form, in: Monatsblätter des Jüdischen Kulturbundes, Hamburg Dezember 1938, S. 4-6.

Fest-Almanach Prisma in Zenith, Hamburg 1928.

Baum, J.: Die Stuttgarter Kunst der Gegenwart, Stuttgart 1913, S. 286.

Bornfelth, Elisabeth: Eine bislang verschollene Arbeit Friedrich Adlers, in: Ausst.-Kat. Darmstadt 1976, S. 128ff.

Bornfleth, Elisabeth: Landesgewerbeanstalt Bayern in Nürnberg. Gewerbemuseum. Ausgewählte Werke, Nürnberg 1979.

Bredt, E.W.: Friedrich Adler, in: KGB, N.F. XXI. Hf. 8, 1910.

Bröhan, Karl H. (Hrsg.): Metallkunst = Kunst vom Jugendstil zur Moderne (1889-1939), Berlin 1990, Bd. 4.

Bruhns, Maike: Galerie der als Juden verfolgten Künstler in Hamburg, Leoporello zur Ausstellung im Museum für Hamburgische Geschichte.

Brunhs, Maike: Jüdische Künstler im Nationalsozialismus, in: Ausst.-Kat., Hamburg 1991, Juden, S. 356.

Büddemann, Werner: Ein neues Stoffdruckverfahren. Die Atheha-Druck von Friedrich Adler, Hamburg, in: Stuttgarter Neues Tagblatt vom 18.11.1926.

Dülberg, Franz: Die Ausstellung der Lehr- und Versuchsateliers von Hermann Obrist und Wilhelm v. Debschitz, in: Kunstchronik N.F., Jg. XV, Februar 1904, S. 241-247.

Feldmann, Arthur M.: Faith&form. Synagogue architecture in Illinois. An exibition organized by the Maurice Spertus Museum of Judaica, Chicago 1976.

Frank, W.: Architektonische Schmuckformen von Friedrich Adler, in: DKD XVI, 1905, S. 431f.

Freudenthal, Max: Die Israelitische Kultusgemeinde Nürnberg: 1874-1924, Nürnberg 1925. S. 35f.

Gmelin, Leopold: Das Kunsthandwerk im Münchener Glaspalast, in: KH 50, 1899/00.

Gmelin, Leopold: Des Kunsthandwerkes junge Mannschaft. 3. Friedrich Adler, in: KH 51, 1900/01, S. 22-27.

Gmelin, Leopold: Die 1. internationale Ausstellung für moderne decorative Kunst in Turin 1902, in: KH 52, 1901/02, S. 293-316.

Gräff, Werner: Innenräume: Räume u. Inneneinrichtungsgegenstände aus d. Werkbundausstellung „Die Wohnung", insbesondere aus d. Bauten der städtischen Weißenhofsiedlung in Stuttgart, Stuttgart 1928.

Hase, Ulrike von: Schmuck in Deutschland und Österreich 1895-1914: Symbolismus, Jugendstil, Neohistorismus (Materialien zur Kunst des 19. Jahrhunderts; 24), München 1977.

Hilig, Hugo: Die Ausstellung bemalter Wohnräume in Hamburg, in: KH 61, 1910/11, S. 305ff.

Hirsche, Sandra; Keske, Barbara u.a.: Hans Leip und die Hamburger Künstlerfeste, in: Ausst.-Kat. Hamburg 1993.

Jaeger, Roland: Hamburgs Künstlerfeste der Zwanziger Jahre, Magisterarbeit, Kunsthistorisches Institut der Universität Hamburg, Hamburg 1985.

Jaeger, Roland; Steckner, Cornelius: Zinnober, Kunstszene Hamburg 1919-1933, Hamburg 1983, S. 66.

Jessen, Peter: Deutsche Form im Kriegsjahr. Die Ausstellung Köln 1914, in: Jb. DWB, 1915, S. 21f.

Joppien, Rüdiger: Hamburger Silberschmiede im 20. Jahrhundert, in: Weber, Christianne: Silbergestaltung. Zeitgenössische Formen und Tendenzen, München 1992.

Kahnwander-Heise, Eva: Glasmaler in München im 19. Jahrhundert, München 1992.

Koch, Alexander (Hrsg.): Die Ausstellung der Darmstädter Künstler-Kolonie, Darmstadt 1901, Reprint Stuttgart 1989.

Koch, Alexander: (Hrsg.): 1. Internationale Ausstellung für moderne dekorative Kunst in Turin 1902, Darmstadt und Leipzig 1902.

Koch, Alexander: Kochs Monographien IX: Schmuck und Edelmetallarbeiten, Darmstadt 1906.

Kölnischer Kunstverein Köln (Hrsg.) 1984: Der westdeutsche Impuls 1900-1914, Kunst und Umweltgestaltung im Industriegebiet, Die Werkbundausstellung, Cöln 1914, S. 83, 248, 250, 362, 294, 300, 301, 305.

Kubina: Die kollektive Ausstellung. Friedrich Adler – Hamburg, in: GB Württ. 7, 1911, S. 45f., 53-55.

M.S:
Vom Segen des Schöpfertums. Ein Lehrvortrag von Prof. Friedrich Adler, ZAS o.D., o.O., (nach 1933).

Meier-Oberist, Edmund: Das neuzeitliche hamburgische Kunstgewerbe in seinen Grundlagen, Hamburg 1925.

Merkelbach, R.: Westerwälder Steinzeug des Jugendstils, Nachdruck und Spezialpreisliste. 1905, München 1981. S. 20.

Wiedamann, Eugen: Musterbuch für Zinnwaren, Abteilung 1: Gebrauchs- und Ziergegenstände. Abteilung II: Kirchliche Geräte, Regensburg 1915. S. 49f.

Müller-Wesemann, Barbara: Theater als geistiger Widerstand – der Jüdische Kulturbund Hamburg 1934-1941.

Batik-Fabrik, in: Hamburger Fremdenblatt. Rundschau im Bilde (Beilage), Nr. 197, 18.7.19331, S. 19ff.

Obrist, Herrmann: Die Lehr- und Versuch Ateliers für freie und angewandte Kunst, in: DK VII, März 1905, S. 228-232.

Pese, Claus: Das Nürnberger Kunsthandwerk des Jugendstils, Nürnberg 1980 (=Nürnberger Werkstücke zur Stadt- und Landesgeschichte, Bd. 30).

Nürnberg 1988: Claus Pese. Nürnberger Kunsthandwerk des Jugendstils. Stadtgeschichtliche Museen Nürnberg, Stadtmuseum Fembohaus. München/Zürich 1988.

Prellwitz, K.: Eine Synagoge von Friedrich Adler – Hamburg, in: ID 28, 1917, S. 357ff.

R.D., Die Mitglieder Der 'Lehr- und Versuch Ateliers für angewandte und freie Kunst, Wilhelm von Debschitz, München' auf der bayrischen Jubiläums-Landesausstellung Nürnberg 1906, in: DK 9, 1906, S, 356 (Abb.).

Rée, Paul Johannes: Offizieller Bericht der Bayrischen Jubiläums-Landes-, Industrie-, Gewerbe- und Kunstausstellung Nürnberg 1906. Nürnberg 1907, S. 344.

Rée, Paul, Johannes: Der Adlersche Meisterkurs in Nürnberg, in: KGB N.F. XXIII, Hf. 6, 1911/12, S. 105-108, 104-113.

Reichmann, Stefan: Sehnsucht nach Form. Friedrich Adler, Christian Metzger, Wolfgang von Wersin und ihre Meisterwerke in Zinn, Regensburg 2003.

Rennert, Paul Johannes: Jugendstilfenster in Deutschland, Weingarten 1984.

Reuß-Löwenstein, Harry: Prisma im Zenith, in: Hamburger Anzeiger, 6. Februar 1928.

Reuß-Löwenstein, Harry: Kreuzfahrt meines Lebens. Erinnerungen, Hamburg 1962.

Rinker, Dagmar: Die Lehr- und Versuch Ateliers für angewandte und freie Kunst (Debschitz Schule), München 1902-1914, Schriften aus dem Institut für Kunstgeschichte der Universität München, Bd. 61, München 1993.

Sänger-Reinhard, W.: Das deutsche Silberbesteck. 1805-1918. Biedermeier – Historismus – Jugendstil, Stuttgart 1991.

Sänger, Reinhard W.: „Silber aus Heilbronn für die Welt". Ausstellungs-Katalog. Heilbronn 2001.

Sauerlandt, Max: Ateha-Drucke von Friedrich Adler, Hamburg. Aus Anlaß einer Ausstellung in den Werkstätten Heimerdinger, Neuer Wall, in: Hamburger Fremdenblatt, 11.10.1926.

Schach, Max: Friedrich Adler, in: Ost und West, XVII, März-April 1918, S. 78-90.

Schäll, Ernst: Vor Hundert Jahren, am 29. April 1878 in der Stadt geboren – Ein Laupheimer Künstler: Friedrich Adler – großer Könner der sakralen Architektur, in: Schwäbische Zeitung, 28.4.1978.

Schäll Ernst: „Friedrich Adler 1878-1942", in: Kleines Laupheimer Lesebuch, S. 34-50.

Schäll, Ernst: Friedrich Adler (1878-1942). Ein zu unrecht vergessener Künstler des deutschen Jugendstils, in: Alte und moderne Kunst 25, Heft 168, 1980, hrsg. vom Museum für angewandte Kunst, Wien.

Schäll, Ernst: Friedrich Adler (1878-1942), ein Künstler aus Laupheim, in: Schwäbische Heimat, Jan.-März 1981. S. 46-61.

Schäll, Ernst: Ausstellung mit jüdischen Zeremonialgegenständen – Werke von Friedrich Adler aus dem Museum Chicago, in: Schwäbische Zeitung, 17.5.1984.

Schäll, Ernst: Ein von der Wissenschaft wiederentdeckter Meister – Internationale Ausstellungen machten ihn bekannt, in: Schwäbische Zeitung, 5.8.1988.

Schäll, Ernst: Drei Werke von Friedrich Adler sind jetzt neu im Laupheimer Heimatmuseum zu sehen, in: Schwäbische Zeitung, 3.11.1985.

Schäll, Ernst: Gedenktafel am Café Hermes zur Erinnerung an Künstler F. Adler, in: Schwäbische Zeitung, 20.2.1990.

Schäll, Ernst: Friedrich Adler – das Geburtshaus des Künstlers in Laupheim ist renoviert, in: Schwäbische Heimat, Hf. 4, 1991, S. 314-318.

Schäll, Ernst: Friedrich Adler, ein wiederentdeckter Künstler, in: Israel Nachrichten (Tel Aviv), 7.10.1991.

Schäll, Ernst: Aus der Erinnerung vertrieben, in: Allgemeine jüdische Wochenzeitschrift, Nr. 47/16, 16.4.1992, S. 7.

Schäll, Ernst: Friedrich Adler ist symbolisch in seine Heimatstadt zurückgekehrt, Neuerwerbungen der Städtischen Sammlung morgen im Museum zu sehen, in: Schwäbische Zeitung, 1.8.1992.

Schäll, Ernst: Friedrich Adler neu entdeckt, in: Aufbau (New York), 13.1.1992.

Schäll, Ernst: Werke Friedrich Adlers – Neuerwerbungen aus der Hochblüte des deutschen Jugendstils, in: Schwäbische Zeitung, 28.11.1993.

Schäll, Ernst: Kultgerät Sederplatte von Friedrich Adler im Museum zur Geschichte von Christen und Juden im Schloß Großlaupheim 16.2.2001

Schäll, Ernst; Bergmann, John H.: der gute Ort. Die Geschichte der Laupheimer jüdischen Friedhofs im Wandel der Zeit, in: Ulmer Forum, Heft 68, Winter 83/84, S. 37-47.

Schmoll gen. Eisenwerth Helga: Die Münchener Debschitzschule, in: Wingler, Hans M.: Kunstschulreform 1900-1933, Berlin 1977, S. 68f.

Steinhardt, Stephen: Bundestagung des BDA in Hamburg, in Allgemeine Künstlerzeitung Jg. 16, Nr. 18, 15. September 1927, S. 11f.

Rau, W.: Friedrich Adler – Hamburg, in: GK, Jg. 34, 1913, S. 161f.

Warlich, Hermann: Wohnung und Hausrat, München 1908.

Weinke, Wilfried: Verdrängt, vertrieben aber nicht vergessen. Die Fotografen Emil Bieber, Max Halberstadt, Erich Kastan, Kurt Schallenberg. Weingarten 2003.

Westheim, Paul: Friedrich Adler – Hamburg, in: DK 16, 1913, S. 233-244.

Wichmann, Hans: Von Morris bis Memphi, Textilien der Neuen Sammlung Ende 19. bis Ende 20. Jahrhundert, Basel 1990.

Wölfle, K.: Die erste Werkbund-Ausstellung in Hamburg, in: Die Werkkunst, 13. Jg., Nr. 18, 15. Okt. 1922, unpag.

## Dokumente und Archivalien

Die zitierten Briefe befinden sich bei der Familie Adler bzw. bei den Autoren.

Album mit Texten und Fotomontagen von Mitarbeitern und Einrichtungen der „Oase", Hamburg, Mittelweg 17. Gestaltet von Friedrich Adler. Nachlaß Dr. Max Plaut, Staatsarchiv Hamburg, A 24.

Archiv Dr. Maike Bruhns, Hamburg.

Archiv Ernst Schäll, Laupheim.

Briefe der Familie Adler an die Autoren.

Briefe ehemaliger Studenten/innen an die Autoren.

Briefe von Friedrich Adler an seine Familie.

Festalbum zum 60. Geburtstag von Dr. Leo Lippmann (26.5.1941). Gestaltet von Friedrich Adler. Nachlaß Dr. Max Plaut, Staatsarchiv Hamburg, A 6.

Firmenarchiv der Wurzner Teppichfabrik Sachsen GmbH, Wurzen.

Matrizenbücher der Firma Bebraer Plastikwerke GmbH., Bebra.

PA

Personalakte Friedrich Adler, Hochschule für Bildende Künste, Hamburg.

Patentschriften des deutschen Reichspatentamtes Nr. 436565 vom 8.11.1924, Nr. 436566 vom 14.7 1925; Nr. 458963 vom 5.5.1926.

Schmidt Erinnerungen

Schmidt, Emmi, geb. Nibbes: Erinnerungen an Friedrich Adler. Manuskript, niedergelegt im Juni 1981, im Besitz ihrer Tochter Frau Simonis, Hamburg.

StaatsA Hamburg. A. OFP 2003. Bestand 314-5.

Tonbandprotokolle 1980

Transkribierte und aus dem Englischen übersetzte Tonbandprotokolle von Gesprächen zwischen Hermann Adler und einem Mitarbeiter des Spertus Museums in Chicago, um 1980.

Tonbandprotokoll 1990

Erinnerungen von Perli Pelzig. Aufgezeichnet für Ernst Schäll, um 1990 (o. Datum).

Washington, United States Department of Commerce, Patent-Nr. 1656932 vom 24.1.1928.

Wienberg, Erinnerungen

Wienberg, Hans: Erinnerungen an Friedrich Adler. Manuskript, niedergelegt im Mai 1981, in verschiedenen Kopien verteilt. Ein Exemplar bei Dr. Rüdiger Joppien, Hamburg.

## Bildnachweise

Architekturmuseum der TU München

Archiv Ingeborg Adler, New York, USA

Archiv Sophie Adler, New York, USA

Archiv Amaranth Sitas-Adler, Limassol, Zypern

Archiv Rinah Lior-Adler, Naot Mordechai, Israel

Archiv Elisabeth Adler, Sutton, Surrey, Großbritannien

Archiv Josef K. Braun, Laupheim

Archiv Claus Pese, Nürnberg

Archiv Ernst Schäll, Laupheim

DLW – Firmenarchiv, Bietigheim-Bissingen

Germanisches Nationalmuseum Nürnberg

Erich Kastan, Hamburg

Michael Schick, Laupheim

Museum zur Geschichte von Christen und Juden, Schloss Großlaupheim

Museum für Kunst und Gewerbe, Hamburg

Münchner Stadtmuseum

Neue Sammlung, München

Wolfgang Pulfer, München

Quittenbaum Kunstauktionen, München

Kurt Schallenberg, Hamburg

Foto Seifert, Laupheim

Jürgen Sielemann, Hamburg

Spertus Museum of Judaica, Chicago Ill., USA

Bettina Weimar, Mittenwald

Ulrich, Fotostudio Riedlingen

Württembergisches Landesmuseum, Stuttgart

Wurzener Teppichfabrik Sachsen G.m.b.H.

Vielfältige Hilfe und Unterstützung bei der Realisierung des Buches haben mir die Arbeit erleichtert. Allen, die zum Gelingen des Werkes beigetragen haben, möchte ich herzlich danken. Besonders erwähnen möchte ich die Lektorin Dr. Anna-Ruth Löwenbrück und den Fotografen und Bildbearbeiter Herrn Michael Schick.
Dem Federsee-Verlag, Herrn Dr. August Sandmaier und der VeBu Druck + Medien GmbH,
Herrn Josef Sauter, danke ich für die Unterstützung bei der Gestaltung und der technischen Umsetzung des Buches.